進化の時代を乗り切るための
人生と経営の道標

赤岩　茂

ラグーナ出版

はじめに

今回のコロナ禍では、仕事の仕方、経済のあり方等が問われ、社会のさまざまな分野においても、新たな方策が提示されました。確かに、現在は変化の方向性を見出すことが困難な時代なのかもしれません。しかし私は、このような時代だからこそ、原点に戻り、哲学や歴史観に基づいて判断することこそが、まわりの情報に流されることなく、本質を見極めるためには必要なのではないかと考えています。従来、仕事柄、日本全国を歩くこともあり、その時間も多かったのでしたが、移動が制限されたことにより、これがほぼなくなり、結果としてその時間を自分を見つめなおすことに充てることができるようになりました。

本書の第一部は、「私の読書遍歴」と題し、Facebook に Book Cover Challenge として掲載したものを加筆訂正いたしました。また、第二部では、日ごろセミナー等で依頼されている講演録の一部をまとめています。ラグーナ出版からは二〇一二年に『古典に学ぶ経営の本質』を出版しておりますが、この内容は、儒教と報徳仕法の解説が中心だったため、本書では仏教と儒教を中心に人生や経営に生かすための、この「進化の時代」にこそ必要な考え方をまとめました。

還暦を過ぎ、つくづく思うことは、人は自分の人生を主体的に生きることができるということです。しかし、主体的に生きるためには、その「考え方」のヒントや判断基準を持つことが必要で、特に若いうちからその習慣を身につけることが大切です。そのため、本書は、これから続く時代を生きる若人たちに贈りたいメッセージを意識してまとめています。本書により、読者が自分の人生に対し、少しでも「プラスの意味付け」をしていただければと念ずるばかりです。

なお、講演録については、税理士法人報徳事務所所属、舘野沙紀さん、生井佳琳さんに原稿起こしを手伝ってもらい、ラグーナ出版編集部のみなさんにはアドバイスを戴きながら進めていただきました。いつもながら、書籍は著者と編集者の共同作業だとつくづく思います。

最後になりますが、妻正子には、今回も最初の読者として「わかりやすい表現」についてコメントをもらいました。関係各位に心より感謝申し上げます。

著者

進化の時代を乗り切るための　人生と経営の道標――目次

第二章　生きることは学ぶこと　学ぶことは生きること　175

第一部　私の読書遍歴——非常時に再発見した良書百冊

コロナ禍の自粛生活の中、Facebookで良書を紹介するという#BookCoverChallengeが始まりました。大学では先輩であり、大学院では教え子である「経営者の親身の相談相手株式会社」代表取締役・知野進一郎さんからバトンが渡され、七冊、一週間限定で、カバーだけの紹介でもよいということでしたので、気軽に引き受けました。ところが、七冊ではとても紹介しきれず、番外編を投稿していたところ、「続けてほしい」という要望もあり、「一〇〇冊まで」と宣言してしまいました。そこで、毎週日曜日の午前中に次の週の七冊を選んで原稿を書き、アップし続けました。なお、書籍化にあたり確認したところ、実際には一〇〇以上の冊数を紹介していました。本文にもあらためて加筆したり、一部の書籍の紹介を書き替えたりもしています。

人間の体の細胞はおおよそ六十兆個もあるが、半年に満たない期間でその多くが生まれ変わるともいわれます。それなら、半年前の私と現在の私は違うのか。もし同じであれば、それを同じくしているものは何か。組織体も新入社員が入り、そして、定年者たちが去る。しかし、同じ仕事をし続け、進化し続けられるのはなぜか。その「何」「なぜ」を探求することがスタートでした。

そして、人体も組織体も同様の原理で動いていると考え、思索を重ねてきました。その過程で、さまざまな書を読み、人と出会い、対話と思索を重ねつつ現在に至っています。

「人の体は、食べたものでつくられている」といわれています。それならば、「人の精神は、読んだ本と出会った人によってつくられる」といってもよいでしょう。また、「本棚や書庫を見れば、その人の思想もわかる」ともいわれます。私が私になった原点を人前に開示するのはどうかとも思ったのですが、悩める若者たちの道標になりはしないかという欲が出てきて、途中からは詳細な解説になってしまいました。

現在では読書の習慣も少なくなり、ネット等で簡単に入手できる情報を読めば事足りるとの風潮もあるようですが、毎日大量に流される情報に接するだけで、自分の解釈をしないでいると、単に情報という洪水に流されるだけになってしまうのではないかと思うのです。この点書籍は、立ち止まり、ふり返りつつ、著者との対話が楽しめますし、その思索の過程で、自分の思考力も高まっていくのではないかと思います。これは、年間三〇〇冊の読書を約四十年間続けてきた私の実感でもあります。

書籍化にあたっては、なるべくさまざまなジャンルから紹介したいがために、泣く泣く紹介できなかったものも多くあります。一方で、現時点での一〇〇冊といえばこれかな、というものを紹介できたとも思います。

若人たちが人生に悩み、あるいは、自分を次の高みに引き上げたいと感じた時、これらの書物をひもといていただければ、きっとそのヒントが得られると思います。本は漫然と読むのではなく、自らの中に課題を持って読むべきです。それが対話の出発点になるからです。課題を持たずに読むのは、先に挙げた、ネット情報の洪水にさらされるのと同じことです。

さて、現在はコロナ禍などで先行きが不透明であり、短期的にはさまざまな困難が予想されています。しかし私は、中期的に見た場合、結構楽観視しています。世の中は変化が常態であり、その時その時の自分に対する意味（メッセージ）をどうとらえるかで社会の見方が変わってきます。結局、眼前に起きた現象は、自分の心の中の一種のフィルターで解釈され、私たちはそれに意味付けしているのです。このように考えれば、自分のフィルター（心の傾向性）を正しく保ち、素直に物事を観る習慣づけを行うことが肝要なのではないでしょうか。

　現在、将来に対する漠然とした不安を持っている人が多いようです。その不安の原因は、結局、外界から得られる情報の解釈によります。「不」を取り除くのは、外界からの情報や物事でしょうか。実は、この解決策は自分の内側にあります。自分の心の中を「不」で満たすのも、「希望」で満たすのも、自分なのです。古来人類は、多くの困難の中から不死鳥のようによみがえり、次の世代へとよりよい社会をつないできました。誰かが私に何かをしてくれるのを期待するのではなく、小さくてもいいから、自分にできることは何か、自分のすべきことは何かを常に考え行動する。かくありたいものです。

「自分の心の中にあるものしか実現できない。不安を持つ者には不安を、希望を持つ者には希望を」

(1)加地伸行著『論語　増補版』講談社学術文庫、『儒教とは何か　増補版』中公新書、『令和の「論語と算盤」』産経セレクト

『論語』の訳は数々出ていますが、著者の講談社学術文庫版が一番読みやすく、今でも時々ひもときます。また、『論語』を学ぶ際には、その成立の時代背景を理解しておくとよいと思います。それにうってつけの本が『儒教とは何か』です。これを読むと、現在の仏教の葬式が儒教や神道に影響されていることがよくわかりますし、『論語』の世界が立体的に理解できますので併せて読むことをお勧めします。

また、最近出版された『令和の「論語と算盤」』は、中国古代哲学の碩学が、現代の社会をどのようにとらえているかを理解するのに最適です。しかも、ご専門ではない経済学の見地からも、金利ゼロパーセント、相続税非課税の「日の丸国債」や新型コロナウイルス対策を生物学的（現在の対策は医学的立場による）に行うべしなど、興味深い提言をされています。これは本務学（↓一九三ページ〜）に精通した著者だからこそできる提言だと思います。

(2)竹村亞希子著『「経営に生かす」易経』致知出版社、『超訳　易経　陽──乾為天《けんいてん》』『超訳　易経　陰──坤為地《こんいち》ほか』新泉社

世界最古の書といわれ、難解な『易経』。岩波文庫版などの『易経』を三十代から読んでみましたが、全く理解できないままになっていました。五十代になったころに出合ったのが、同じ著者の『リーダーのための易経』（絶版）。まだまだですが、これにより『易経』の理解が深まりました。この増補改訂版として、二〇二〇年に出版されたのが、『超訳　易経　陽』、『超訳　易経　陰』です。

この『超訳　易経　陽』では、人生を龍の成長物語としてとらえ、その時その時の解決策、つまり「時中《じちゅう》」が何かを明確に示しており、『易経』の世界がビジュアルに広がります。

また、『「経営に生かす」易経』は致知出版社主催の講演をCDにした「よくわかる易経講座」（現在第5講座まで発刊）の第1講座を書籍化したものです。私は、著者のCDは車中で聞いていますが、書籍でもその内容が忠実に再現されているため、話に引き込まれます。経営者がこの時代いかにあるべきかを理解体得するにはもってこいの書物であり、CDを聞い

ただけでは「卦《か》」の意味を理解しきれていなかったということにも気づきました。それほど深く学べるということです。ぜひ、本書だけでなくＣＤ集（致知出版社とユーキャンから発刊）も併せて聞いてみてください。そうするとより理解が深まると思います。

（3）堀井純二編著『訳注　報徳外記』錦正社、神谷慶治編『譲の道』ＡＢＣ出版

二宮尊徳の思想を学ぶ場合、『報徳記』や『二宮翁夜話』から入ることが多いと思いますが、特に前者は高弟の著であるため、尊徳を神格化しているように思います。そこで、「報徳仕法」を体系的に理解するには、『訳注 報徳外記』『譲の道』がお勧めです。ただし、二冊とも現在は絶版。

二宮尊徳は江戸時代後期の農政家であり、数々の疲弊した村を救っています。その方法は「仕法」として体系化されていますが、私は、村興しの目的を「潤いあり支えあう社会の創造」と理解し、その大目的のために「推譲」「分度」「勤労」「至誠」があったととらえるのがよいのではないかと考えています。企業再生等においても、大目的（何のために再生するのか）がなおざりにされ、各種手法が強調されるきらいがありますが、そのような各種手法は、単なる道具にすぎないのです。

なお、これらを現代風に解釈すれば、「推譲」とは、余ったものを自分や周りに分け与えることであり、そのためには「余り」を出さなければなりません。これが「分度」で、収入から一定の支出を抑えることで余剰を出すことです。また、そのためには、創意工夫をしつつ人一倍の努力を重ねることが大切です。これが「勤労」です。また、根底に「至誠」を置いたことが素晴らしいことです。これは、「思いやりとまごころ」です。このような心持ちで取り組むことが大切であり、邪《よこしま》な心で仕法を実行しても無駄だということなのです。

昔話の「はなさかじいさん」では、はなさかじいさんも強欲じいさんも、犬に教えられて穴を掘る行為は全く一緒です。しかし、その動機は大きく異なっていたため、大判小判か魑魅魍魎か、結果は全く異なってしまったのです。

（4）澁澤榮一述、二松學舍大学出版部編『論語講義』明徳出版社

日本資本主義の父といわれ、生涯五〇〇以上の会社の設立・経営に関与し、それ以上の社会福祉施設・学校等にも関与した渋沢栄一。二〇二四年には新一万円札として経済の顔になります。また二〇二一年のＮＨＫ大河ドラマの主人公でもあり、世は渋沢栄一ブームとなっています。

渋沢栄一といえば『論語と算盤』が有名ですが、二松學舍大学での連続講義録である『論語講義』は圧巻です。私はこちらをお勧めします。

渋沢は幕末の生まれで、大学教育は受けていないものの、漢学は子どものころから親しんだ関係で造詣が深く、企業経営等で課題や問題が生じた時には、『論語』等が参考になったと、渋沢はこの本で述べています。これも、時務学より、本務学である人間学（↓一九三ページ～）を学ぶほうが人生や経営に役立つことを示唆しています。

(5) 矢吹邦彦著『炎の陽明学――山田方谷伝』明徳出版社

日本最大の財政改革者、山田方谷。上杉鷹山の財政改革が五十数年かかったのに比べ、方谷はたった七年で二〇〇万両の借金を返済し、同額以上を積み増しています。その方法は、経費節減はもとより、大坂蔵屋敷を廃して撫育方《ぶいくがた》による直接販売に変え、名産品である鉄を活かした備中鍬の開発など、販売方法の革新や新製品開発にも力を入れています。また、ケインズに先駆けた日本人といわれるように、現在でいう公共投資や、古い藩札の公開焼却による貨幣信用度の向上など、参考となる手法が多々あります。

今まで疑問だったのは、改革のための資金はどうしたのかという点でした。本書では、矢吹家との関係及びその支援が紹介されており、永年の疑問が氷解しました。

山田方谷は、財政改革・藩政改革も含め、もっと評価されてしかるべきだと思います。

(6)坂本光司著『人を大切にする経営学講義』PHP研究所、『日本でいちばん大切にしたい会社』1―7・あさ出版、『経営者のノート』あさ出版

幕末の大儒者である佐藤一斎は、「第一等の師は天、第二等は人、第三等は書」と言っていますが、著者の人を大切にする経営に関するフィールドリサーチはまさに、この天(自然界)からの法則を読み解くものだと思います。八〇〇〇社を超える企業の現地調査から導き出された法則は、アメリカ流経営学とは真逆の結論でした。そして、これらは時代を超えた普遍の法則といえるものです。

「人を大切にする経営」の全体像をつかむためには、『人を大切にする経営学講義』が最適で、実例を学ぶためには、『日本でいちばん大切にしたい会社』シリーズがよいでしょう。著者が八〇〇〇社を超えるフィールドワークから珠玉の会社を紹介し、かつ、第一巻の第一部では「会社は誰のために?」として、本来の会社のあるべき姿を簡潔に明示されています。また、感動するビジネス書としても有名ですので、絶対に人前(特に電車内など)では読まないことをお勧めします。私も一冊目は電車内でしたが不覚にも泣けて仕方ありませんでした。それ

以来、著者の著作は全てひとりの時に読むことにしました。

著者のすばらしさは、第一巻にもあるように、「日本でいちばん大切にしたい会社をふやせば、（中略）この国はみんなが幸せになるに違いありません」と提言し、それをもとに、実践活動に入っていることです。そのひとつが、二〇二〇年で十一回目になる「日本でいちばん大切にしたい会社大賞」の創設です。詳細を募集要項でご覧いただければ、そのレベルの高さがわかります。現に他の類似の賞を受賞した企業でも、本賞は受賞できていないことも多いのです。また、本賞の地域版もできてきており、二〇二〇年には草加市で「草加市でいちばん大切にしたい会社大賞」が創設されました。

二つめは、「人を大切にする経営学会」の設立です。私も副会長を務めていますが、当学会は、大学教員以外に中小企業経営者や専門士業も多数集まり、学術的な報告だけでなく、企業の実践活動も促している点に特徴があります。いよいよ、新たに学会誌も創刊されます。学術誌というよりすぐに実践に応用できる雑誌を目指しています。

三つめは「中小企業ＭＢＡ大学院大学」の創設です。二〇一八年から、当学会主催で経営人財塾を開催していましたが、三年目の二〇二〇年は千葉商科大学大学院商学研究科のコースとして開設され、大学院の単位認定が得られるまでになっています。

『経営者のノート』。これは著者の語録として一〇〇の指針をまとめ上げ、右側のページに坂本語録、左側のページに簡潔な解説という体裁になっていますので、いわば『論語』のように、座右に置き、ことあるごとにひもとくことで、それを反省などの指針として活用するとよい本です。はじめから通読するのももちろんよいのですが、「本をぱっと開いたらそこに解決策があった」といわれるように、日々、ランダムに開くとそこにヒントがあるのです。このように「読む」というより、「活用する」ほうがよいと思います。本書は約十年前に出版された『経営者の手帳』を大幅に改訂したものですが、前著を読まれた方にもバージョンアップした坂本語録にふれるためにぜひともお勧めしたい一冊です。

(7)P・F・ドラッカー著、野田一夫・村上恒夫監訳『マネジメント――課題 責任 実践』上下巻・ダイヤモンド社

ドラッカーの『マネジメント』は、複数のバージョンで訳されていますが、私には最初に訳された本書が一番高尚な訳だと思えますし、今でも読み返すのはこの本です。日本では一九七四年に刊行された上下巻です。ドラッカーの著作はどれもがハウツーものではなく、哲学的なものです。しかも、示唆に富む内容で、企業経営だけでなく人生にも参考になる内容がちりばめられています。

例えば、目的と手段をはき違えた悲劇を、次のようにたった数行で見事に表現しています。

その後継者たちは他にもある優先順位の高いものを何ら考えようとはしなかった。その結果、明治の人にとっては日本の独立を守るという目的を達成する手段にすぎなかった軍事力が目的そのものにされてしまって、ついには日本に破局をもたらし、明治の世代が成し遂げた偉業をほとんど破壊してしまったのである。（上巻二五九ページ）

往々にして、従来やってきたことを墨守することが重要だとか、○○さんの遺産だから手を付けられないなどと、手段であるべき事柄を目的化してしまうことも多いようです。しかし、平時だったらともかく、現在のような常時有事の時代では、「いかにすべきか」より、「何のためにするのか」が重要で、目的から手段を考えていかないと一生懸命やっても成果が出ないという状況に陥りやすいのです。

このような時だからこそ、自社の目的を再確認していきたいものです。

(8)司馬遼太郎著『花神』、司馬遼太郎全集30―31・文藝春秋

司馬遼太郎の著作のベースとなっている歴史観が、「司馬史観」とよばれるもので、昨今はこれにもメスが入り、批判（特に昭和時代）されています。しかし、このような「史観」は横においておき、まずは「小説」として読むべきなのではないかと思います。

私は、大学生時代に司馬遼太郎を読み始めて好きになり、当時は文庫本を手あたり次第読み進め、現在では全集でもそろえておくようになりました。

司馬の小説では魅力的な人物が活躍し、いや、司馬の筆になるから魅力的な人物になるのかもしれませんが、戦国時代や幕末の群像に心躍ったものでした。その中で一冊というと、『花神』を挙げたいと思います。

村医者である村田蔵六（大村益次郎）は、緒方洪庵の適塾に学び医学を究めようとしますが、その中で軍学等を学び、故郷の周防に帰ります。世は幕末動乱の時代、徳川幕府の長州征伐に対抗するために呼び出され、長州藩の軍事戦略を担っていきます。その後明治新政府で日本陸軍の創始者になるものの、暗殺されてしまいます。

司馬は、その生き方を花神（はなさかじいさん）に重ね合わせています。ひとつの役割を終えて、さっと去っていく。私はその点に一番惹かれました。人には固有の役割があり、この役割を全うすることが重要なのです。

今まで、ご縁があり、いろいろな役職を戴きましたが、終わったあとまで影響力を行使せず、さっと去り、また別のことをする。私にとって、この生き方は『花神』に影響されています。

(9) 中島敦著『山月記・李陵　他九篇』岩波文庫

中島敦は、三十三歳で亡くなったこともあり、文庫全集（ちくま文庫）もわずか三冊。このうち私が好きなのは、十ページ足らずの「名人伝」。

「趙の邯鄲の都に住む紀昌という男が、天下第一の弓の名人になろうと志を立てた。」から文章は始まり、幾多の修行ののち、ついに紀昌は「不射の射」の境地に達する。「以前の負けず嫌いな精悍な面魂は何処かに影をひそめ、何の表情も無い、木偶の如き容貌に変わっている。」しかも、晩年のことではあるが、弓という道具すら忘れてしまっている。

とかく専門家は専門知識をつけることに注力するが、それは「射の射」に過ぎず、「不射の射」の境地に達するためには人間力を磨き続けなければならない、と私は理解し、自分への戒めとして、時折ひもといています。

(10)深澤賢治著、石川梅次郎監修『財政破綻を救う　山田方谷「理財論」――上杉鷹山をしのぐ改革者』小学館文庫

本書は、山田方谷の代表的著作である『理財論』の訳と解説書です。方谷は『理財論』と『擬対策』という小論を遺していますが、前者が経済論であるのに対し後者は政治論です。しかし、両者は大きく関係しています。そもそも、財政が成り立たなくなったのは、士風（現代的にいうと哲学でしょうか）が衰え、過度な贅沢が行われたことによると断じているのです。

『理財論』には、「府庫は洞然、積債は山の如し。豈に其の智未だ足らざるか、其の術未だ巧みならざるか、そもそもいはゆる密なるものはなほ疎なるか。みな非なり」（一二三ページ）という文が出てきますが、これを著者は解説で「努力が足りないのではない。その考え方と手法すべてが間違っているのだ」（一二六ページ）と断じています。

財政再建や企業再生も小手先のテクニックではなく、本を正すことが大切なのです。『論語』にも「本立ちて　道生ず」とあります。

山田方谷の思想を知るうえで、これは必読書といえるでしょう。

(11)蜷川虎三著『中小企業と日本経済』アテネ文庫

著者は長年京都府知事を務められましたが、初代の中小企業庁長官でもあります。本書はわかりやすく、この中小企業政策の根本を示唆しています。中小企業は保護育成すべきという議論もありますが、本書では日本経済、国民経済の観点から、

　中小企業はなんでもかんでもこれを保護育成しなければならぬという要求も多分に手前勝手な議論を含んでいる。企業が企業としてその存在を主張しうるのはどこまでも国民経済における企業としてである。したがって中小企業がその存在を主張しようとすれば、それはあくまでも国民経済の維持と発展の関係においてでなければならぬ。（二六ページ）

そう記して、中小企業の自立を説いています。現在においても、中小企業政策の根本原理はこれと変わっていないとつくづく感じました。

⑫山本七平著『勤勉の哲学』ノンセレクト

著者は一時代を画した高名な評論家ですが、本書は、日本人を動かす原理である「勤勉哲学」を江戸時代の思想家である石田梅岩と鈴木正三を通して解説し、自己を律する伝統的規範はどこから来たのかを余すところなく伝えています。

なお、人口経済学者である速水融氏はその著『近世日本の経済社会』（麗澤大学出版会）において、

日本人の勤勉さは、従来家畜が行っていた仕事を人間が受け持つようになったことから、家畜数の減少によって、長時間、より激しく働かなければならなくなった（三一六―三一七ページ）

と述べており、日本の勤勉さは時代とともに変わる旨の指摘をしていますが、私の中ではいずれが妥当なのかまだ消化しきれていません。

(13)平田雅彦著『ドラッカーに先駆けた　江戸商人の思想』日経ＢＰ社

元禄時代がバブルであれば、享保の時代は大デフレ。元禄時代までの成長期に多数の商人たちが興隆したものの、その後の享保の時代には、大多数が没落していったといわれています。なんと、十軒のうち、七、八軒は潰れたといいます。そして、今と比較してもとてつもない大倒産時代の商人たちがとった行動は、原点回帰と目的の明確化でした。

新興商人の創業者たちは、この事態をみて、自己の責任で決断し、己を律し、行動し、財を蓄えて不時に備えなければ、瞬時に企業が倒産するという新しい時代の自立の厳しさを痛感した。（中略）この時期に家訓をつくり、商家の経営のあるべき姿を書きとめ、

その実行を子々孫々にまで伝えた功績は大きい。（四六ページ）

何のために事業を行うのか、企業としてどうあるべきか。時代は変われども本質は変わりません。現代の企業経営者も見習うべき点が多々あります。

⑭村山節著『波動進化する世界文明』博進堂

一九八〇年に発刊され、私は約三十年前に手に入れて読んだものです。残念ながらどなたかに貸してそのままとなってしまい、仕方なく、再度古本を手に入れました。それくらい価値あるものです。著者の村山節氏は、独自に文明の変化を研究し、東西文明が約八〇〇年の周期で転換することを論証しました。氏の『文明の研究——歴史の法則と未来予測』を手に入れたかったのですが売り切れです。

ＤＮＡは二重らせん。文明も二重らせん。二重らせんは互いのほころびを修復するためのものだといわれています。八〇〇年の最初が二十一世紀であり、その際の大きな転換は東洋文明の勃興だと説かれています。西洋の没落、東洋の勃興。現在の世界情勢をものの見事にいい当てています。文明の進化がこれからどのような方向性で進むのかを理解するには、またとない本です。

⒂寺田啓佐著『発酵道』河出書房新社

造り酒屋寺田本家の先代当主である著者は、古い考えで経営されていた実家を「科学的経営」に改めようと努力しますが、その過程で病に倒れます。その中で悟ったことは、「人間が酒を造るのではなく、微生物が造る。人間はその微生物が働きやすい環境を整える」ということ。それまでの科学的経営をやめ、昔ながらの酒蔵に戻していくと、業績ばかりか、自分の病まで治っていったといいます。

その過程で、「微生物の世界は『愛と調和』で成り立っていた。それを見て、『人間も微生物のように、発酵しながら生きていけば、争わなくても生かされる』ことを確信した」（二ページ）と大きな気づきを得ます。

微生物を通して、人間の生き方・あり方を説く本書は、経営者が企業を経営していくうえで何が大切かをわかりやすく伝えてくれます。

(16)安岡正篤著『佐藤一斎「重職心得箇条」を読む』致知出版社

佐藤一斎は幕末の大儒者であり、山田方谷、佐久間象山を育てた人物で、『言志四録』の著者としても有名です。本書は、その一斎が、出身藩である岩村藩のために「重役はいかにあるべきか」を説いた、いわば憲法のようなものです。現在の経営者や各界リーダーにも通ずる内容であり、解説書は複数出ていますが、昭和の大思想家である安岡正篤氏の手になる本書は短いながらもわかりやすく一番のおすすめです。

(17)藤原正彦著『国家と教養』新潮新書

著者は『国家の品格』(新潮新書)がベストセラーになっていますが、私はこちらのほうが好きです。帯の「教養なき国民が国を亡ぼす」「教養こそが『大局観』を磨く」にひかれて買い求めたのですが、間違いありませんでした。現在では才を伸ばす教育は花盛りですが、しょせん道具あるいは道具の使い方に過ぎません。その道具を使う人の心根はいかにあるべきかは、教養・人間学・哲学などでないと学べません。

(18)木暮太一著『いまこそアダム・スミスの話をしよう——目指すべき幸福と道徳と経済学』マトマ出版

「分業論」や「神の見えざる手」を説いた経済学の父といわれるアダム・スミスですが、もともとは道徳哲学の教授でした。また、最後まで校正を重ねてきたのが『道徳感情論』でした。今でこそ、『道徳感情論』も何種類か訳書が出されていますが、日本では当初『国富論』(『諸国民の富』)ばかりが紹介され、長い間『道徳感情論』は片隅に追いやられていたようでした。しかし、スミスは、何が人間にとって幸福かを説いたのであって、経済もそのための方法論にしかすぎないのです。

そもそも、人間が幸福になるための経済はいかにあるべきかという視点から『国富論』(『諸国民の富』）は説かれたわけですから、スミス思想の根本である『道徳感情論』を抜きにしては語れません。なお、堂目卓生著『アダム・スミス』（中公新書）も併せて読みたいものです。

⑲大和信春著『企業理念』博進堂

初版は一九九二年、私が独立後間もなく手に入れた本です。企業理念の要件を目的性、倫理性、指針性、英知性、本望性、共有性、永遠性、具体性の八つに分け、その必要性を、指針効用効果、指針安定効果、意識統合効果の三つで体系化するだけでなく、作り方から浸透の方法や実践例まで余すところなく解説しています。

著者は「はじめに」の中でも、「理念型企業の普及は、無節操な利益追求で顰蹙を買いながら内部的には『疲れ果てた人間集団づくり』に邁進するという悲しい体質の企業を少なくする」（一四ページ）とし、「独自のお役立ちで社会に活かされようとする企業をより多く生み出し、社会全体をよくすることにつながっていくはずである」（同）との願いを披露しています。今から約三十年前、バブルははじけたものの世間はまだ浮かれていました。当時、「理念が大切」と言えば、「宗教臭い」と言われたものでした。

若かりし頃読んで感銘を受け、参考にし、私の著作のいくつかでも引用をさせていただいています。

(20)デヴィッド・ボーム著、金井真弓訳『ダイアローグ――対立から共生へ、議論から対話へ』英治出版

真実は、Aさんにあるのでも B さんにあるのでもなく、両者の対話の中から合意され、受け入れられたものの中にあるという「社会構成主義」の思想に立脚した対話（ダイアローグ）。「対立から共生へ、議論から対話へ」という副題がすべてを物語っています。私は二〇一七年に手に入れ、むさぼるように読み、赤線引きまくり、付箋貼りまくりでした。ところが、後で二〇〇七年の初版も本棚から見つかり、読んでいなかったことが判明。タイトルにひかれ購入したのですが、一度目はまだ読んで響く時期ではなかったのですね。

ところで、私が一九九二年に地元青年会議所の理事長を仰せつかった時の所信は「協調・対話・共生」でした。我ながらいいところを押さえていたなと自負していますが、約三十年たっても精神年齢・精神構造に変化がないことを、ブレてはいませんが、同時にまだまだ成長途上だと思いました。

(21)ケン・ウィルバー著、加藤洋平監訳、門林奨訳『インテグラル理論――多様で複雑な世界を読み解く新次元の成長モデル』日本能率協会マネジメントセンター

数年前にフレデリック・ラルー著『ティール組織』(鈴木立哉訳、英治出版)が話題となりましたが、このベースは何かと探っていたら出会った本です。「世界とは本当はひとつの全体であり、どこにも分断はなく、あらゆる面において互いに関係しあっている」(一一三ページ)とあるように、西洋科学は分析・分析・分析と分けることで真理を発見しようとしているが、本当は、統合によって真理を構築する時期に来ているのではないか?と深く反省させられたところです。

(22) 宮田矢八郎著『理念が独自性を生む――卓越企業をつくる7つの原則』ダイヤモンド社

本書のベースとなったのは、ＴＫＣ経営指標の優良企業へのアンケート分析とインタビューであり、この研究成果は『収益結晶化理論――「ＴＫＣ経営指標」における「優良企業」の研究』（ダイヤモンド社）としてまとめられました。この研究のエッセンスは、『理念が独自性を生む』の「はじめに」によれば、

・利益の質を高めよ　守りより攻め、攻めより独自性
・戦略と管理の同時追求が卓越企業をつくる
・着眼点の独自性が経営理念に体化し、利益に結実する
・利益は、製品・サービス、事業構想、組織づくりの独自性から生まれる
・ヒット商品が年商10億円の壁を破り、ブランドの構築が年商30億円の壁を破る
・経営者は「探求者」たれ

・管理会計を使いこなせ（iiページ）

というものでした。本書は、学術的研究書である『収益結晶化理論』を一般読者向けに再構成し読みやすくしたもので、優良企業をつくりたいと願う経営者にとってはバイブルといっても過言ではありません。本書も私の著作のいくつかで引用をさせていただいています。

(23)尾高煌之助、松島茂編著『幻の産業政策　機振法――実証分析とオーラル・ヒストリーによる解明』日本経済新聞社

機械工業振興臨時措置法（機振法）とは、中堅の機械製造業者に設備投資資金を低利で融資する目的で一九五六年に制定されたもので、当然その審査には膨大な資料が必要でした。そのためには、「帳簿の整理、事業計画、返済計画など経営の基本的な部分の著しい改善を必要とし、（中略）14種類にのぼった（中略）開銀審査を通じて、直接原価計算方式と損益分岐点といった企業経営における基本的な財務概念について学んだことを高く評価」（一五三ページ）と著者は書きます。つまり機振法は、単純な融資ではなく、個々の企業の経営力の向上に効果があったとされているものです。昨今の中小企業政策も、この「経営力の向上」がカギとなっています。その政策の原点を知るうえでも参考になる本です。

(24) 高尾義政著『東洋史観1　悠久の軍略』算命出版

著者は算命学を日本において確立・体系化した第一人者ですが、惜しくも若くして亡くなりました。この算命学においては、ひとつの期間を約十年とし、動乱期→教育期→平和期（あるいは経済確立期）→庶民台頭期→権力期と分け、陰陽五十年ずつ計一〇〇年の流れで時代の変遷を説明します。特に、教育期の鬼門通過現象は、時代の方向性を見るためには必須のものであると思います。

陽の五十年の鬼門通過現象は国を二分する争い、陰の五十年のそれは大規模な自然災害であるといわれ、前者は安保騒動、後者は東日本大震災でいずれも的中しました。なお、鬼門通過ののちには、価値観の大転換が起こるとされています。

また、類書として、日本ＩＢＭの専務取締役等を歴任された鴇田《ときた》正春氏の『今こそ、東洋の知恵に学ぶ』（メトロポリタンプレス）もお勧めです。

(25)オリ・ブラフマン、ロッド・A・ベックストローム著、糸井恵訳『ヒトデはクモよりなぜ強い――21世紀はリーダーなき組織が勝つ』日経BP社

著者によれば、二十世紀は集権型で経営者が意思決定・命令し、社員は一糸乱れることなく方針を全うできる、いわば軍隊型組織が強かった時代でした。さらに、著者は、クモとヒトデを引き合いに、クモは頭を切られれば死ぬが、ヒトデはどこが頭かもわからず、どこを切られても生き残ると説きます。訳者あとがきでも、「社内で一貫性を保ち、きちんと管理するには集権型のマネジメントが必要だが、人々が創造性を発揮しやすいのは、秩序よりも柔軟性を重んじる分権型の環境だ」（二四二ページ）、「ヒトデ型組織の基盤には、各メンバーへの信頼というより、人間全般への信頼が存在する」（二四三ページ）としています。

これは、環境が変わっているため、目的達成の方法論、組織も変わらざるを得ないことを意味しています。先に紹介した算命学流にいえば、現在は陰の時代であり、陰の時代には陰の時代のリーダーシップが求められるということでもあります。

(26)サン＝テグジュペリ著、内藤濯訳『愛蔵版　星の王子さま』岩波書店

大切にしていた花とのいざこざがもとで、小さな星の王子さまは旅立つことを決意します。

一番目にたどり着いた星には、国民がひとりもいないのに「支配」しようとする王様。二番目の星には誰も褒める人はいないのに褒めてもらいたいうぬぼれ屋。三番目は、はずかしいのを忘れるために酒を飲んでいる飲んだくれの星。しかも、「酒を飲むのがはずかしい」といいます。四番目の星は実業屋。星を所有したとして紙に書く。五番目の星には誰に命令されたのかもわからず、街燈を点燈・消燈する点燈夫。六番目の星には自分で見極めようとしない地理学者。星の王子さまの目からは、大人たちのしていることが不思議でしょうがありません。そして、最後の地理学者に地球がよいと勧められ降り立つことにしました……。

地球に着いてからの王子さまのお話は読んでいただくのが一番でしょう。

「たいせつなことはね、目に見えないんだよ……」（一一九ページ）

(27)袁了凡著、無名上人和訳、三浦尚司校注『和語陰隲録　全』梓書院

本書は、著者である袁了凡が自分の子孫のために書き残したものです。彼は、医者の家に生まれましたが、幼いころに父が死去し、母子家庭で育ちます。ある時、南の国から来た道士が一夜の宿を所望し、そのお礼として了凡少年の未来を占ったのです。母としては、父の遺志を継ぎ、医者として大成してもらいたかったのですが、道士の答えは、「この子は医者ではなく官僚だ。しかも、○○歳に地方の長官に出世する、しかし、短命だな」というものでした。

驚くことに了凡の前半生は道士の占いの通り、科挙の合格年、順位すらも当たっていたのです。

ところがその後、地方の長官に赴任した了凡に、雲谷禅師との運命的な出会いがあり、宿命は変えられないが運命は変えられることを学びます。結局、人知れず陰徳を積めば人生に必ず幸運を招きますし、また、謙虚であることだけが福をもたらすことに気づいたのです。

なお、「陰隲《いんしつ》」とは人の見ていないところでする徳のことをいいます。

(28)北川八郎著『無敵の経営』サンマーク出版

著者は陶芸家ですが、全国の経営者からメンターと呼ばれています。同書の中でも、貨幣経済は人々の心が荒れてしまい、人間経済の時代に軸足が移っていくと書いています。「人間としての心、努力、信用、そして優しさを経済活動の中心に置いて、地域に貢献する企業が社会の核となっていくでしょう」（一八九ページ）と述べていますが、全く共感します。

(29)リチャード・バック著、五木寛之創訳、ラッセル・マンソン写真『かもめのジョナサン完成版』新潮社

初版刊行時から四十年の時を経て、最終章が追加され、物語は完結します。私は、初版を、学生時代に新潮文庫で読みました。当時公認会計士の試験勉強をしていたのですが、大学は

「遊ぶ＝人生のモラトリアム」という位置づけが強かったように思いました。「重要なのは食べることではなく、いかに速く飛ぶかということだ」と言うジョナサンは群れの価値観に合わず追放されますが、それでも強い意志と勇気をもって、自分の限界に挑戦するという物語に、私は非常に勇気づけられたものです。完成版で追加された最終章を読むことで、すべての答えが明らかになりますが、これ以上は、お読みいただく以外にないでしょう。

(30) 柳澤桂子著、堀文子画『生きて死ぬ智慧』小学館

著者は難病を患う生命科学者。般若心経の本は何冊も読んでいますが、これほどわかりやすく、かつ、心に響く訳はないと思います。この本はＤＶＤ付属のものも出版されており、私は両方とも買い求めていますが、映像でも体感したいという方には、ＤＶＤ付属のものをお勧めします。あとがきの中で著者は、「一元的な世界こそが真理であり、（中略）真実に目覚めた人は、物事に執着するということがなくなり、何事も淡々と受け容れることができるようになります」（普及版あとがき四四ページ）と記しています。著者が、ご自分の難病を受け容れ、その中で生きがいをいかに見出してきたのかを知るには、『癒されて生きる』（岩波現代文庫）がお勧めです。

(31) 渡辺和子著『置かれた場所で咲きなさい』幻冬舎

著者はノートルダム清心学園理事長などを歴任されています。えてして若人は、自分のつらい境遇を置かれた環境のせいにし、嘆き、不平不満を口にすることが多いようですが、著者は「人はどんな境遇でも輝けるし、つらい時には根を伸ばすことが大切」と説かれています。

私も六十数年生きてきて、全く同感です。環境や人のせいにして人生の成功者になれた人はいないのです。特に若い方にお勧めです。新入社員の研修の一環で読んでもらうのもいいでしょう。もちろん、社長が自分で読んでからです。

(32)鈴木秀子著『愛と癒しのコミュニオン』文春新書

著者は「9つの性格（エニアグラム）」を日本に紹介した第一人者ですが、私は多くの著作の中でもこの本が好きです。

人は孤独ではなく、また、職業等は「役割」に過ぎず、みなひとつのいのちと愛で結ばれているというコミュニオンの考え方。

「第1章　他者に聞く」「第2章　自分に聞く」「第3章　コミュニケーションの知恵を活用する」「第4章　大宇宙に聞く」という章立てに、著者の言わんとしていることがうかがえます。

(33)上村勝彦訳『バガヴァッド・ギーター』岩波文庫

本書はヒンドゥー教の古典であり、今から八年前に初めて手にしたものです。古典ですので、もともとは口伝によって伝わったものでしょう。原始仏典もそうですが、一つひとつのセンテンスが短く、真理がぎゅっと詰まっています。

常に自己（アートマン）に関する知識に専念すること。真知の目的を考察すること。以上が「知識」であると言われる。それと反対のことが無知である。（一〇九ページ）

仏教と相通ずる点も多く、共感する点が多々あります。違いを責めて対立するのではなく、共感を求めて協調していけば、この世の争いはなくなるのではないでしょうか。

(34) 小倉榮一郎著『江州中井家帖合の法』ミネルヴァ書房

著者は滋賀大学教授等を歴任した、近江商人の研究で知られた経営学者。本書は、近江商人中井家の大福帳の研究書です。大福帳といえば、複式簿記と比べて前近代的なイメージがありますが、「店卸目録の前半は貸借対照表、後半は損益計算に相当する総勘定之部と損徳之部に分かれ、双方が同額の損益額を算出する仕組み」（三一ページ）になっているなど、現代の簿記と比べても遜色ありません。支店に対しては一定の利益率の確保を義務付ける方式をとるなど、支店管理にも活用しており、現在の管理会計の源流をここに見ることができます。

　現在では少なくなりましたが、以前は帳簿付けが面倒と言って、領収書等を会計事務所に丸投げしている方もいらっしゃいました。しかし、商売を永続させるためには、客観的な現状把握と課題発見のツールとしての簿記会計を大切にしなければならず、老舗とよばれる企業は昔からきちんとやっていたのだと改めて思いました。

　本書は、その存在は知っていたものの、長らく絶版になっており、古書も手に入りにくい状況でした。二〇〇八年に復刊され、税別一万円と高価でしたが、買って損はないと思います。ただし、会計研究者や実務家向けです。

　なお、損益計算ならぬ損徳という表現はいいですね。昔の人のほうが本質を理解していたようです。

(35)千代田邦夫著『公認会計士――あるプロフェッショナル100年の闘い』文理閣、『闘う公認会計士――アメリカにおける150年の軌跡』中央経済社

著者は公認会計士で、立命館大学名誉教授・早稲田大学特任教授。二〇一三年には公認会計士・監査審査会会長も務められました。前著が出版されたのが一九八七年、私が当時の公認会計士の最終試験である第三次試験に合格し数年たった時でした。独立前でもあり、「公認会計士の真の役割は何か」との疑問を持っていた時期でした。

そのような中でその歴史を学ぶことは有意義でした。何事も歴史を学ぶことは大切ですね。本書はアメリカ公認会計士の一〇〇年の歴史を「闘争」の歴史と位置づけています。今では考えられませんが、当初は会社倒産時の「財務検屍官」とみられ、日中その会社に立ち入ることは、倒産したと思われかねず、夕刻以降に会社に向かったとのことでした。

わが国では戦後アメリカの影響から公認会計士制度が導入され、監査の専門家と位置付けられました。しかしそのアメリカでは、当初から監査の専門家と位置付けられたのではなく、時代の変遷とともに、公認会計士側で自らを律し、変革していったことが本書から読み取れ、非常に勇気づけられたことを覚えています。

なお、その後の歴史については、二〇一四年に発刊された『闘う公認会計士』に引き継がれています。

(36)三品和広著『戦略不全の因果――1013社の命運はどこで分かれたのか』東洋経済新報社

今から約二十年前、どうしても経営戦略について学ばなければならず、「戦略」と名のつく書物を手当たり次第に読んでいたのですが、どうも翻訳書はしっくりこなかったところに、数年して出会ったのがこの本でした。

本書では、「事業立地」という概念を提示しています。「保守的に見積もると、どうやら不全企業の2社に1社は、経営の良し悪しにかかわらず、不毛な立地を選んだという一点で不全症に陥っている」、「戦略は、変えにくいものを変えるために長い時間と重い決断を要するがゆえ、通常の意思決定とは区別して、わざわざ戦略と呼び表すのである」（一九ページ）。

また、「経営の逆三角形」（一〇二ページ）など参考になる概念が多々記されています。数々の経営戦略論を読んでもしっくりいかない方にお勧めです。

(37) 稲葉襄著『東洋的な人生観』稲葉襄著作集第一巻・中央経済社

本書は経営学者である著者の著作集『経営と人生』全七巻の第一巻として刊行されたものです。ちなみに、第七巻はどこを探しても見当たらないのですが……。

著者は仏教等の東洋哲学に造詣が深く、本著作集はこれらをベースに、企業経営はいかにあるべきかを説いています。

本書の冒頭でも、中小企業が生き抜くために、「柔軟性の必要」「商売の本義に徹せよ」「儲けるのではなく儲かる」「今に生きる」と現代でも通用する基本的な考えを述べています。特に、コロナ禍で大変な思いをされている方々には、大きな励ましになるでしょう。これらを私流に解釈すると、

・自社の商売の本質をいま一度掘り下げよ。私は深化し、真価を見極めねば、進化はでき

ないと考えています。

・社会に必要とされる商品やサービスは何かを見極め、「社会が悪い」というのではなく、まず、自らを変えなさい。倒産者や倒産予備軍ほど、自分を棚に上げ、人や社会のせいにする傾向があります。

・右記を実行した結果、お客様や社会が支持して下さり、儲かるようになる。会社は社会のサブシステムであり、社会のないところに会社は存在しえません。有用な価値を提供せずして社会はその会社の存在を許しません。

・過去をわずらうことなく、未来を憂うることなく、ただ今を生きよ。

後悔ばかりの人生か楽観的に生きる人生か。人それぞれですが、人間は、過去や未来に思いを馳せることはできても、生きるのは今だけです。連続する今を精いっぱい燃焼し続けること、これに尽きます。

(38) 侘美光彦著『世界大恐慌——1929年恐慌の過程と原因』お茶の水書房

著者は東京大学教授等を歴任したマルクス経済学者。本書は一〇〇〇ページを超えるボリュームで、いつかは読みたいと思って数年前に手に入れていましたが、今回のコロナ禍がリーマンを超え、世界大恐慌に匹敵するのではないかと言われだしてから、急遽読み始め、一週間かかってやっと読み終えました。

大恐慌というと一九二九年の株式大暴落のようにいわれますが、実は一九三七年まで続いており、カリフォルニアの土地バブルは一九二九年以前に崩壊しているので、実際は十年くらい断続的に不況・恐慌が続いたとするのが正しいと思います。著者は「不況・恐慌が形態変化した」と表現しています。

また、本書を読み進めていく中で、アメリカのみならず、他国との関係悪化、特に世界多角決済機構の崩壊の原因はひとつではなく、複数でしかも重層的に起こっていたことがよく理解できます。もちろんこの中には政策上の失敗もありました。規模など、当時と現在とでは異なるところはありますが、銀行の保有資産の大幅減価（不良債権の発生）→信用供与の大幅縮小→実体経済の悪化、あるいは金融機関の安全資産としての国債保有の増加などは、ひところの日本を見ているようです。著者は「好況の時にこそ恐慌の種が蒔かれる」という趣旨の記述をいくつかの箇所でされていますが、原因のない結果はないと考えられますので、全くの同感です。

この分厚い、しかも詳細な研究書を遺してくださったことを著者に心より感謝いたします。

(39) 丸山松幸訳、松枝茂夫・竹内好著『中国の思想Ⅶ　易経』徳間書店

易経は、なんといっても竹村亞希子先生の易経シリーズがわかりやすいのですが、私は辞書代わりに、この本や今井宇三郎著『新釈漢文大系　易経』上中下巻（明治書院）を読んでいます。「資生堂」や「順天堂」など、今に残る会社・団体名等も易経からとっているものが多くあります。

私は本書で「事業」の語源を知りました。

この故に形より上なるもの、これを道《みち》と謂《い》い、形より下なるもの、これを器《き》と謂い、化してこれを裁する、これを変《へん》と謂い、推してこれを行なう、これを通《つう》と謂い、挙げてこれを天下の民に錯《お》く、これを事業《じぎょう》と謂う。（二六八―二六九ページ）

変、通の原理によって民を導くことが「事業」だといっています。事業とは金儲けのことではないのです。

(40)渋沢栄一著『国富論――実業と公益』国書刊行会

本書はアダム・スミスのものではなく、渋沢栄一の著です。渋沢栄一は『論語と算盤』で有名ですが、『青淵百話』という大著も遺しています。本書は、この中から公利公益の哲学を中心に再編集したものです。「実業と公益」という副題がついているように、「たとえその事業が小さなものであろうとも、自分の利益が極めて小額であるとしても、国家が必要とする事業を合理的に経営すれば常に楽しんで事に当たることができる」（七ページ）と断言しています。

なお本書は、国書刊行会から四分冊で発刊されているシリーズの一冊で、他に次の三冊があります。

『徳育と実業――錬金に流されず』『立志の作法――成功失敗をいとわず』『先見と行動――時代の風を読む』

(41) 倉田和四生著『山田方谷の陽明学と教育理念の展開』明徳出版社

先日、ある方からの「社長は陽明学を学んだほうがよいか？」との問いに、「私は不勉強で、ぜひ学んだほうがいいとまでは自信をもって言えません。しかし、陽明学では、事上磨錬や知行合一にみられるとおり、実践と智慧の融合を重視するなど、参考になる点が多々あります。つい最近、本書を読みましたが、この第一部が〝方谷陽明学の研究〟であり、まだ陽明学を深く学んだことのない私にとってとても参考になりました」とお答えしました。陽明学は、自信をもって理解していると言えないのですが、本書の第一部は理解しやすく納得いくものでした。著者は、方谷は陽明を超えた、とまで言っています。

(42)鴇田《ときた》正春著『日本の変革「東洋史観」』コンピュータエージ社

著者の別の著作については高尾義政著『東洋史観1　悠久の軍略』(↓四三ページ)の項でもふれました。本書は、第一部・原理編、第二部・軍略編からなり、特に第一部の原理編では、陰陽五行説・十干十二支などの成り立ち解説が詳細になされています。これらについては今までも何冊かの本を読んでいたのですが、本書は非常にわかりやすく、読めば「目から鱗」は間違いありません。

なお、第二部の軍略編も、第一部の原理編をおさえておくことでより立体的に理解できると思います。私自身、第二部第二章「東洋史観から見た日本の行方」を先に読んでみたのですが、第一部を通読後に読み返すと、理解が深まりました。

私は本を読むにあたってマーカーを引きますが、それは、次の三つの基準によっています。

①初めて知ったこと

②覚えておきたい数字等
③共感、納得したこと

本書は①と③が多く、マーカーだらけでした。特に③で引いたマーカー部分のいくつかを引用紹介したいと思います。

軍略の究極の目的は、この連鎖（筆者注・目的と手段）を螺旋状に繰り返しながら、高度な知性を持つ国民が増え、国家の安泰の次元を高めて行くことである。（中略）経済を究極の目的として発展する国家は、いまだ次元の低い段階を進んでいるわけで、経済が二次的に生まれてこそ大人の国家である。（一七〇―一七一ページ）

経営者の大切な役割は、集団が高い次元で安泰となるように、次にやってくる時代の特色をいち早く探し出し集団の羅針盤とすることである。（一八六ページ）

東洋史観の観点からは、日本の問題の本質は、「経済」である以上に「精神」の問題なのである。それは民族の伝統精神（正義、勇気、同情心、慈愛、誠実など）を再興することによって、精神と物質のバランスを図ることである。（二四四―二四五ページ）

(43)阿部國治著、栗山要編『新釈古事記伝』全七巻・致知出版社

古事記や日本書紀というとなかなか手が出にくいし、私自身、このあたりの知識が不十分であったため、なかなか通読するには至りませんでした。しかし、本シリーズは全七冊ですが、一冊が百ページちょっとです。重要な部分を「原文」「書き下し文」「解説」で説明しているので、解説を中心に読めば、各巻三分の二程度のボリュームなのではないかと思います。

第一巻は「袋背負いの心」。八十神《やそかみ》らが、嫁とり競争をするわけですが、相手である八上比賣《やかみひめ》が選んだのは、他の人の荷物を担ぎ、まるでお供のように遅れている大国主命。また、大国主命はあの因幡の白兎を介抱した人物でもあります。このように、人知れず善行を積むことが人間にとって最も尊い生き方であることを、物語の中から教えてくれます。日本人は大昔からこの心根を代々受け継いできたのだと改めて感じました。根っこをたずねることは重要ですね。

(44)ダニエル・ピンク著、大前研一訳『モチベーション3・0――持続する「やる気！」をいかに引き出すか』講談社

本書は、私の著書『「活力ある企業」の条件』でも紹介・引用させていただいています。モチベーション3・0の三つの要素は、①自律性、②マスタリー（熟達）、③目的であり、

マスタリーを目指す自律的な人は、非常に高い成果をあげる。だが、高邁な「目的」のためにそれを実行する人々は、さらに多くを達成できる。きわめて強く動機付けられた人々――当然ながら、生産性が非常に高く満足度も高い人々――は、自らの欲求を、自分以外の「より大きな目的」に結びつけるものだ。（一九一ページ）

とあります。納得しますね。スキルを磨くのは当たり前だが、自分が何をもってこの社会に貢献しようとしているのかという目的を持つ重要性を教えてくれます。しかし、残念ながら、戦後の教育はスキルが中心で目的までは行っていないようです。だからこそ、小さな力かもしれませんが、私はそれとは異なる教育をやろうとしています。

大学院等の講義で聞いていていただいた方は、私が目的・あり方・考え方を強調することに気づかれたことと思います。

(45)エドワード・ギボン著、中倉玄喜編訳『新訳　ローマ帝国衰亡史』ＰＨＰ研究所

私は世界史が苦手で、カタカナの名前はイメージがつかめず覚えきれません。しかし、本書に取り組もうとしたのには、わけがあります。

国家・企業等どのような組織体でも、いずれ滅んでいきます。これが大いなるはからいであり、自然の摂理なのかもしれませんが、外敵による以上に内部から崩壊していくのは古今東西変わらないようです。その法則を確認したくて、本書を手にした次第です。

著者は、衰退の因については、疑問の余地はない、と説きます。

それは異常な膨張の必然の結果にほかならない。繁栄が衰亡の原理を動かしはじめ、衰微の要因が征服の拡大とともにその数を増し、やがて時間や事件によって人工的な支柱が取り除かれるや、この途方もない構造物は、自らの重みに耐えきれず倒壊したのだ。（三七六ページ）

かつてローマ帝国の基盤が強固であったのは、その構成員の連帯が特異なまでに強固であったことに帰せられる。（三八三ページ）

衰亡の原因が古今東西、「外因」ではなく「内因」にあるのは共通しています。特に、「構成員の連帯」という言葉には注目したいところです。構成員間の分断が進むと組織の崩壊が進むということです。

(46)アリー・デ・グース著、掘出一郎訳『企業生命力』日経BP社

著者はシェル社で南米事業責任者等を歴任し、綿密な調査をもとに長寿企業の特質を解説しています。特に、第六章の「利益追求か、長寿か」では、企業をエコノミック・カンパニーとリバー・カンパニーに分類し、社内における価値観の共有や人の成長、信頼等を比較分析しています。このリバー・カンパニーは、私の所属する「人を大切にする経営学会」の考え方にも近く、経営の本質は洋の東西を問わないことがよく理解できます。

また、企業の長寿のために、リビング・カンパニーという考え方を導入し、「企業の死亡原因は、経営者が商品やサービスの生産活動という経済面に目を向けすぎ、企業の本質が人間集団であることを忘れているのではないか」（二〇ページ）との重要な指摘をし、経済的側面だけでなく、心理学、社会学、人類学など学際的な面から検討を加え、「学習し、適応し、結束力と寛大さがあり、資金調達が保守的な企業こそ、生き残る！」（帯より）としています。

(47)浅田次郎著『流人道中記』上下巻・中央公論新社

この小説の主人公は旗本青山玄蕃。姦通の罪で死罪を命じられるものの、拒否して蝦夷松前藩への流罪が申し渡されます。その罪人を流刑地まで送り届ける役目の押送人に選ばれたのが、見習与力である十九歳の石川乙次郎でした。

物語は、この二人と、道中で出会った人々との間で紡がれるのですが、当初玄蕃は罪人であると頭から決めてかかっていた乙次郎は、道中のさまざまなできごとを通じて、玄蕃が本当の罪人なのか疑問を抱いていきます。

物語が始まる万延元年（一八六〇年）といえば、明治維新（一八六八年）の扉が開く直前でした。玄蕃が罪を受け入れる真の理由は何か。まずは読んでみてくださいという以外はありません。

(48)浅野喜起著『喜びの発見』致知出版社

私の手元にあるのは一九九五年二月の第四刷。著者は日本興業銀行を経て、日本経営システムの社長・会長を歴任され、コンサルタントとしても活躍された方です。本書は「長所伸展法」について事例を交えつつ書かれていますが、次の部分には納得します。

会社はつねにその社員のエネルギーや能力を大きくすることによって発展し、競争に打ち勝っていくが、一つのグループのもっているエネルギーの総和は、そのグループの中でおたがいを競争に駆り立てるよりも、共存に目覚めて手をそろえさせるほうが間違いなく大きくなる。はるかに大きくなる。少数の得意の人と大多数の失意の人や落伍者を再生産していくシステムは、実ははなはだ効率の悪い制度である。（七一―七二ページ）

残念ながら、わが国は、浅野氏の言葉に耳を傾けようとせず、真逆の方向に進んでいきました。グローバル・スタンダード、成果主義等々。そして、その壮大な「実験」は誤りであったことに、二十数年の時を経て気づき始めました。この「実験」も、制度や会社は人を「幸せにする」ために創造されたと知るためには、意味があったのでしょう。今からでも遅くありません。本質を追求し原点に戻る時期に来ているのです。

(49)今枝由郎訳『日常語訳　新編スッタニパータ――ブッダの〈智恵の言葉〉』『日常語訳　ダンマパダ――ブッダの〈真理の言葉〉』トランスビュー

「スッタ」とは「経（経糸《たていと》）」、「ニパータ」とは「集成」。すなわち、仏陀の経を弟子たちがまとめたものであり、最古の経典といわれています。また、「ダンマ」とは「法」、「パダ」とは「言葉」。すなわち、仏陀の説いた法を言葉としてあらわしたものです。両方とも、簡潔な言葉が韻を踏むように作られています。そもそも仏陀が法を説いた当時は文字として残されておらず、口承によって伝えられたものです。そのため、より簡潔に、言葉を繰り返すことによって、リズムとして体に、そして心に、伝えられたものだったのでしょう。仏教は長い発展の中で宗派が分かれ、膨大な経典も残されてきました。

私は、そもそも、仏陀の説いた法とはどういうものだったのかに興味があり、これらを読み始めました。長らく仏教哲学者・中村元氏の訳である岩波文庫版に親しんでいましたが、数年前に、今枝由郎氏の新訳が出ました。これは「日常語訳」とされており、若い人にも抵抗なく読めるのではないかと思います。

(50)佐藤一斎著、久須本文雄全訳注『座右版　言志四録』講談社

幕末の大儒者といわれた佐藤一斎。弟子として山田方谷や佐久間象山を育てたことでも有名です。講談社学術文庫版では四分冊（川上正光訳注）で出ていますが、私はこちらの座右版がお勧めです（ちなみに四冊合計金額より本書一冊のほうが若干安いのでお得だと思います）。

一斎は昼間は（幕府の関係で）朱子学を講じ、夜は陽明学を講じていました。このため、「陽朱陰王《ようしゅいんおう》」なる言葉もあります。一斎の弟子からは多くの陽明学者が生まれ、時代を回天していったのでした。

本書は、簡潔な文章の中で、真理をズバッと説いています。迷った時などひもといてみる

と、そこに解決のヒントがちりばめられています。

(51)竹内照夫著『礼記　上』『礼記　中』『礼記　下』新釈漢文大系二七―二九・明治書院

『礼記』は儒教の根本経典である四書五経のひとつですが、そもそも「礼」の集大成と思っていたら大間違いです。「王制第五編」では国のあり方を説いていますし、もともと、『大學』もこの『礼記』から分離独立したものだったのです。ただ、残念なことに訳書は少なく、『中国古典新書　礼記』(下見隆雄著、明徳出版社)でも全文が訳出されているわけではありません。そこで、本書を買い求めました。原文・読み下し文・訳・注釈があり、この大系シリーズを私は辞書代わりに使っています。

「王制第五編」では次のような言葉が残されています。

> 國用《こくよう》を制するは、必ず歳の末に於いてす。(中略)三十年の通を以て國用を制す。入《い》るを量《はか》りて以《もっ》て出《いだ》すを為《な》す。

国に九年《くねん》の蓄無きを不足と曰《い》い、六年の蓄無きを急と曰う。三年の蓄無きを、國その國に非ずと曰う。（上巻一九七ページ）

これは、当時は農業国家であることを前提に、建国三十年程度の国を想定し、三十―五十年程度で大規模な自然災害（水害、旱害、蝗害《こうがい》等々）があるのだから、それに備えよということを意味しています。つまり、三十年の間には十年分程度の蓄えを残しておき、いざという時に備えよということです。

自然災害に対し、人間は無力です。未来に対する希望もなくなるでしょう。そのような時に国家の役割として、今までの蓄えを開放し民を安んずるべきなのです。また、そのために、毎年無駄遣いすることなく、年末に支出予算を決め、それも三十年間の平均を参考にし、「入るを量って出ずるを制せよ」としているのです。

(52) 出光佐三著『働く人の資本主義』春秋社

本書は、『海賊とよばれた男』（百田尚樹著、上下巻・講談社文庫）のモデルにもなった、出光興産創業者、出光佐三氏の筆になるもの。著者はこの本のほかにも多くの著作を遺していますが、「会社とは」「働くとは」の原点、原理原則を理解するうえではまたとない本です。氏は本書で次のような提言をされています。（　）内は私の解釈です。

・福祉とは、二人以上でいて仲良くすること、お互いに助け合うこと（五ページ）
（とかく、福祉というと制度的な措置の必要性や不備が議論されがちですが、相互扶助が原点です）

・今日では人間が主義の奴隷になっていないか（六―七ページ）
（○○主義対□□主義といわれますが、そもそも「主義」とは人を幸せにするための考え方や制度のこと。時代が変われば変えていくべきだし、人間の幸福を中心とすべき）

・銀行は貸付ではなくて投資をせよ（一三ページ）
（これまた、耳の痛い話ですね。銀行は産業振興、地域貢献が本来の役割のはずでした。だ

から財務情報だけにとらわれるのではなく、非財務情報、特に経営者の考え方や資質も検討して資金を融通すべきです）

・高配当せずに内部留保とか、社員の福祉のために社内に残すことが働く人を尊重すること（一六ページ）

（私は、利益は使うためにあり、使うときに品格・品性があらわれると思っています。株主だけを重視する株主資本主義は本家であるアメリカでも反省され始めています）

・徳があればお互いに譲り合って平和にいく（二五ページ）

金儲け資本主義に毒された経営者にとっては良薬です。ただし、今のやり方に疑問を持っていない人には効きません。佐三の真理を受け入れることができないのですから。

(53)森信三著『修身教授録――現代に甦る人間学の要諦』致知出版社

教育哲学者の著者が若かりし頃、大阪天王寺師範学校専攻科の倫理・哲学の講師であった時、本科一年生の修身科の授業も担当することになりました。通常、検定教科書がテキストとなるのですが、それを使用せず、自らの口述で授業を進めていきました。そして、それを生徒に筆記させたのが本書です。

私の手元にあるのが、二〇〇四（平成十六）年六月第二十一刷。実は平成の初めに手にしたのですが、どこかになくしてしまい、改めて買い求めたものです。この本にも蛍光ペンが多く引かれていることから、感じ入るものが多々あったことがわかります。

「世の中のことというものは、真実に心に願うことは、もしそれが単なる私心に基づくものでない以上、必ずやいつかは、何らかの形で成就せられるものであります」（二一九八ページ）

など珠玉の言葉がのこされています。

もう二十年以上前、ＰＴＡ会長時代に、何人かの先生方と森信三先生について話したことがありましたが、残念なことにほとんどの先生方が知らないというのが実状でした。あの偉大な教育哲学者である森信三先生を知らないとは、とても悲しく思いました。幸いなことに先生の偉大な思想は経済界に脈々と受け継がれています。なぜ生きるのか、自分を知るということはどういうことなのか。これがわからずして主体的な人生は歩めないと思います。私は人生そのものが成長のための学びの場ととらえていますので、当事務所の経営計画書にも「企業教育は最後の砦」と記しています。

(54) 土屋喬雄著『日本経営理念史』麗澤大学出版会

著者は経営理念・経営史研究の第一人者。私の手元にあるのは、二〇〇二年二月に、以前は正・続二冊であったものを合本し復刻したもの。

著者が提起したのは、「はじめに」にも書かれている通り、「日本の社会が健全に発展し、日本国民の福祉が着実に増進するためには、その社会的役割も社会的責任もますます増大しつつある経営者が平和主義とヒューマニズムをバックボーンとする日本経営哲学を確立し、実践綱領を作成することが要請される」（二三ページ）ということでした。

本文は、「第一部　江戸時代の商人と経営理念」「第二部　儒教原理を基本とする経営理念」「第三部　キリスト教倫理を基本とする経営理念」の三部構成で、渋沢栄一や大原孫三郎など、江戸期から昭和期に至るまでの代表的な経営者の経営理念・哲学をまとめているものです。私は特にキリスト教については不案内なため、本書で啓発されることが多々ありました。経営理念だけでなく、それぞれの人物像も描写しているため、時代を超える経営原理の集大成といえるでしょう。

(55)公方俊良著『地獄の経営　極楽の経営——仏教に学ぶ経営の心と手法』サンマーク出版

本書は、仏教をもとに説く経営指針であり、著者の講演テーマをもとに書き下ろしたもの。仏教を経営に活かすことは難しそうですが、「第一章　地獄の経営」「第二章　四苦八苦の経営」「第三章　八正道の経営」「第四章　六波羅蜜の経営」「第五章　極楽の経営」「第六章　一隅を照らす経営」「第七章　仏教と経営」「第八章　無欲万両の経営」という章立てにあるように、仏教の説く根本哲理（四苦八苦・八正道など）を企業経営に当てはめて解説しており、理解しやすいものです。私自身、仏教と経営との関係には興味があるため、多くの関連書物を読破しましたが、この本が一番理解しやすいと思います。たとえば、八正道のひとつである「正念」では、「奉仕の集団としての企業を作り上げていくためには、どのようなポリシーを持つべきかを明示したものが経営方針」（七四ページ）と説明されています。ひとつ前の『日本経営理念史』が儒教とキリスト教をベースにしていましたので、仏教をベースにした経営本として紹介します。

(56)宮城谷昌光著『晏子』上中下巻・新潮社

古代中国春秋時代に斉《せい》の国の名宰相といわれた晏嬰。晏嬰は将軍である晏弱の子として生まれましたが、身長も低く、それが劣等意識となり、武術より学問を好み、それが長じて聖人といわれるようになっていきます。常に、天の意志、民の声を全うすることが、自分の一番の役割と規定したのです。

たとえば、家政では無駄を省き財を貯めます。それが家中の評判では、「吝《しわ》い」という評判になるわけですが、「貯めた財は、ひとつぶの粟さえ食べられなかった民のためにつかう」（中巻、七八ページ）ためであり、父の晏弱もまた、「君主に愛されるより、民に愛されることだ。君主は一代であり、民は永代である」（同）と教え諭します。

著者の宮城谷昌光氏は古代中国をテーマに数々の歴史小説を書かれていますが、長い間不遇の時期があり、九〇年代に入り、突如としてベストセラーを出すようになりました。私は九〇年代に単行本で出会うまで古代中国の歴史は不案内だったのですが、氏の生き生きと描く人物像からは息遣いまでも聞こえてくるようです。その後全集も購入しました。

本書の中で、斉の君主である霊公が偪陽の戦いについて、「――無益かもしれぬが、無意味ではない」（中巻、九二ページ）と回想します。

「無益なことは、必ずしも無意味ではない。むなしいとおもわれることに、真剣に取り組むことによって、かえってその人の純粋さが、如実にあらわれることがある」（同、九三ページ）ということです。この「益がなくとも意味がある」は私の座右の銘の一つでもあり、仕事でもなんでも、利益に結びつかなくても、意味・意義があることには率先して取り組みたいものです。

日本の歴史小説は司馬遼太郎、中国の歴史小説は宮城谷昌光ではないかと思います。私は歴史小説が好きで他の作家もたまに読みますが、全集を揃えているのはこのふたりだけです。

(57)堺屋太一著『豊臣秀長――ある補佐役の生涯』ＰＨＰ文庫

豊臣秀長は、豊臣秀吉の異父弟ですが、卓越した統治能力で常に兄・秀吉を補佐し、最後は〝大和大納言〟と呼ばれて、難しいとされた大和地方を統治するだけでなく、脆弱な基盤である豊臣政権を支え続けます。

残念ながら秀長は秀吉に先立つこと七年。もし長生きしていたらその後の歴史も変わったかもしれません。このつっかえ棒がなくなって、秀吉は秀次を処刑するなど、その政権も瓦解し始めます。

なお、『堺屋太一著作集』全十八巻（東京書籍）も出版されています。著者の思想・提言を読むなら、これが一番お勧めです。

(58)大竹晋著『大乗非仏説をこえて――大乗仏教は何のためにあるのか』国書刊行会

著者は仏典翻訳家であり、多くの著作があります。わが国に伝わった大乗仏教は、釈迦の説いた原始仏教とは似ても似つかぬものであるといいます。

「大乗非仏説」という言葉を、私は本書で初めて知りました。しかし、長い歴史の中で、仏教だけでなく多くのものが改変され、付け加えられていくのは致し方ないことだと思います。私は、そもそも釈迦の説いた「仏教」とはいかなるものであったのかを知りたくて、原始仏典をひもとくことになったのですが、著者は「大乗経が仏説であることは、推理によって論証されるべきことではなく、体験によって自内省されるべきである」（一六ページ）として、大乗仏教によって悟りを得た事例を例証しつつ、「大乗仏教は仏教が仏教を超えてゆくためにある」（二四八ページ）と結論づけています。

大乗仏教は、中国において、儒家の「君子」、道家の「真人」など、異教にもともとあった完全人の理念と共鳴しつつ、異教に欠けていた、利他の教え、悟りの体験などの要素を補完して、漢字文化の諸国に、人として完成していくこと、人を超えて無限に向上していくこと、他者を救うことに価値を置く、豊かな人間観を広げていった（中略）

大乗仏教は、異教との交流によって人類の多くが共有できる豊かな人間観を創出したという点において、むしろ〝純粋な仏教〟なるものよりも高く評価されるかもしれないのである。（二四五ページ）

なるほど、また興味の対象が広がりました。よって今、同じ著者の他の著作も読み進めています。たとえば、『大乗起信論成立問題の研究——「大乗起信論」は漢文仏教文献からのパッチワーク』（国書刊行会）では、「自利利他」という言葉が「大乗起信論」で説かれていることを初めて知った次第です。

(59)高木善之著『転生と地球——価値観の転換へのメッセージ』ＰＨＰ研究所

著者はネットワーク地球村代表。環境問題の専門家として、『「地球村」宣言——環境調和社会を目指して』（ビジネス社）、『地球大予測——選択可能な未来』『地球大予測Ⅱ　オーケストラ指揮法』（総合法令出版）などを著わしていますが、氏の本当にやりたいことは、「考え方を変え、生き方を変える」とのこと。本書は、自身の臨死体験をもとに書かれており、人生の意味、人間としてのあり方、幸福の意味などを伝える必読書といえるでしょう。

　私の手元には一九九七年九月発刊、しかも著者サイン入りの初版本があります。そして、そこには、「あなたから世界が変わる」とあります。あれから二十三年。自分から世界を変える生き方をしていただろうかと反省することしきりです。なお、本書は『選択可能な未来――新版・転生と地球』として再版されています。

(60)童門冬二著『小説　上杉鷹山』上下巻・学陽書房

　上杉鷹山は、破綻に瀕した米沢藩で五十年かけて藩政改革を行った名君であり、内村鑑三著『代表的日本人』にも取り上げられたことから、ケネディ大統領が「最も尊敬する日本人はウエスギ・ヨウザン」と語ったといわれています。重役の反乱を克服し、家臣や領民一人ひとりの共感をかちとりながら、人と地域を活性化してゆく鷹山の経営手腕とリーダーシップが、著者の筆で見事に活写されています。米沢藩では、棒杭に笊《ざる》がつるされており、その中に品物が入っているのですが、誰も盗もうとしません。鷹山は財政を立て直しただけでなく、人の心をよみがえらせたのでした。

(61)恩田木工著、堤清二訳・解説『現代語で読む　日暮硯』三笠書房

信州真田藩五代目藩主、幸弘の代。財政は破綻し、治安が混乱するという状態にありました。恩田木工民親《おんだもくたみちか》が登用される前には、田村半右衛門が勝手係に就任し、支出削減による財政再建を試みたものの、一揆が勃発するなど完全な失敗に終わりました。この危機に、わずか三十九歳という若さで勘略奉行に抜擢されたのが、民親でした。

本書は道徳主義を基本とした民親の財政改革物語で、民衆を味方にするという手法で見事に財政再建を果たしていきます。彼は、人には性善説も性悪説もなく「上役によって善にも悪にもなる」という立場を取っています。規制・条例ではなく、相互の信頼関係をベースに改革を進めていったのです。

私の手元には一九八三年十二月発行の第一刷があります。当時の著名な経営学者であった

占部都美氏もこの数年前に、民親の『日暮硯』を中心に据えた『日本経営の神髄——解説「日暮硯」』（日本経営図書、一九七二年六月初版）を著わすなど、日本的経営がクローズアップされた時代でした。

(62) 林田明大著『財務の教科書——「財政の巨人」山田方谷の原動力』三五館

著者は陽明学研究家。「財務の教科書」と銘打っているので会計や財務の本かと思うと大間違いで、財政の巨人といわれた備中松山藩の山田方谷の解説書です。著者はこう書きます。「陽明学と維摩経のクローズアップに努めながら、方谷の生涯と藩政改革を記し、個人の思想がいかに時代を動かすものであるかを実証しようと試み」（三ページ）、「方谷の方法（テクニック）を真似るのではなく、（中略）その思想こそ学んでいただきたい」（五ページ）。「改革には初めに思想ありき」（同）とも述べています。

あとがきにも述べられているように、本書刊行のきっかけがＴＫＣ中国会秋期大学の講演だったとは深い縁を感じます。一個の哲学を持った職業会計人集団であるＴＫＣだからこそ、共鳴したのでしょう。

(63)金子みすゞ著、矢崎節夫選、高畠純装丁挿絵「金子みすゞ童謡集」シリーズ全三冊・JULA出版局

金子みすゞは、一九三〇年三月にわずか二十六歳でこの世を去っています。対外的に紹介されたのが二十歳でしたので、創作期間はわずか六年。このたった六年の中で光芒を放ち、後世にやすらぎと優しさを遺しました。選者である矢崎節夫氏が、『わたしと小鳥とすずと』の解説に、「みすゞの童謡は、小さいもの、力の弱いもの、無名なもの、無用のもの、この地球という星に存在する、すべてのものに対する、いのりのうただったのです」と記していますす。たったひとつの言葉が人を癒し励ます。今のような混迷の時代・分断の時代だからこそ、「金子みすゞ」に親しみ、すべてがつながっているという実感を持つ時なのではないかと感じています。

『わたしと小鳥とすずと』『明るいほうへ』『このみちをゆこうよ』の三冊からなっていま

す。

(64)幸田露伴著『努力論』岩波文庫

著者の幸田露伴は明治期に人気を博した文豪で、本書のような人生の指針も遺しています。

本書で示される人生の指針は多々ありますが、最も参考になるのが、「三福」という考え方でしょう。「三福」とは幸福になるための条件であり、惜福・分福・植福の三つです。これを私なりに表現すると次のようになります。

・惜福……自分のところにもたらされた福を無駄遣いすることなく惜しむ
・分福……福を皆と分かち合う
・植福……社会への還元

露伴は、特に植福が重要とし「植福とは、(中略)我が力や情や智を以て、人世に吉慶幸福となるべき物質や情趣や、智識を寄与する事をいう。(中略)即ち人世の慶福を増進長育するところの行為を植福というのである」(八〇ページ)としています。つまり、自分にしかない価値によって、世のため人のために生き、幸せを増やしていこうということです。

(65)宮澤章二著『行為の意味――青春前期のきみたちに』ごま書房新社

「確かに　こころ　はだれにも見えない／けれど　こころづかい　は見えるのだ」は東日本大震災後のテレビコマーシャルで流されていたものです。本書は副題に「青春前期のきみたちに」とあるように、中学生に対して想いを発している詩集です。三八ページには、「見えないものを」と題して、次の詩が掲載されています。

「枯れたように見えて／ほんとうは　枯れない／枯れ野いっぱいの　草たち／どこかに種子もこぼれている／数えきれないほど　こぼれている／／ひとつひとつの　種子に／かすかな身動きがある／ひとつひとつの　身動きに／秘められた力がある／／見えるものばかりに目をそそぐとき／残るのは　むなしさだけではないか／／薄ら日の真冬　北風のなかで／見えないものへの思いが深まる／――見えないものたちを　信じよう」

中学生が学ぶべきものというと、英語や数学などの主要教科がありますが、その前提として、「人としてどう生きるか・あるべきか」を教え、伝え、分かち合うことが重要なのではないか。今の教育はあまりにも才をつくりあげる教育であり、徳を育む教育からは外れているのではないか。バランスを取る意味でも、このような良書を副読本として活用すべきではないかと思います。

ちなみに、この詩を読むと、私の中では『易経』の世界が広がりました。

(66) 宇沢弘文著『経済と人間の旅』日本経済新聞出版

本書の第一部は、日本経済新聞に連載された「私の履歴書」。第二部は同紙掲載の論考をまとめた「人間と経済学」。著者は、「社会的共通資本」の提唱者ですが、経済学者では珍しく、人間視点の論考も多く残しています。

例えば、「科学としての経済学は、与えられた目的を達成するために、さまざまな希少資源をどのように配分し、どのような手段を用いたらよいか、という問題を考察の対象とする。これに反して、どのような目的を選択すべきであるか、という問題は、もはや経済学の領域ではなく、倫理学に属する問題であると考える」（一三五―一三六ページ）。しかし、現実の経済からの遊離から、「経済学は必然的に倫理学と関連せざるを得ないのである。近代経済学の混迷は、効率性のみを中心として形式論理的演算に終始して、経済学のもう一つの重要な側面である公正、正義、平等についての関心を全く無視してしまったことに起因しているといってもよいであろう」（一三九ページ）と指摘しています。

実は、「経済学」を「経営学」と置き換えても概ね該当します。現代経営学も「目的論思考」の視点を失ったことにより、混迷・迷走しているのだと感じます。

宇沢弘文氏の主張の全体像を知るには、『宇沢弘文の経済学――社会的共通資本の論理』（日本経済新聞出版）もいいでしょうし、『宇沢弘文著作集――新しい経済学を求めて』全十二巻も岩波書店から発刊されています。

(67)佐藤雅美著『大君の通貨――幕末「円ドル」戦争』文藝春秋

歴史小説というと偉人の活躍するものが多いのですが、一九八四年九月に発刊された旧版

（講談社刊）を、全面改稿して二〇〇〇年に刊行された本書は、幕末の経済動乱の要因でもある金流出をテーマに書かれています。私自身、幕末の金流出（日米和親条約締結後に決められた日本貨幣と海外貨幣の交換比率に関し、日本と諸外国の金銀交換比率が異なったため、日本から大量の金が流出した）については、本書で初めてそのからくりと影響を知った次第です。

そのからくりを同書九九ページの図をもとに説明します。

（一）外国人が一ドル銀貨を一分銀三枚に交換し、両替商に持ち込み、一分銀四枚につき一両小判一枚に両替する。

（二）その小判を国外に持ち出し地金として売却する。地金としての一両は四ドルに相当するため、両替だけで当初の一ドル（メキシコドル）は三倍になる。

このように大量の金が海外に流出した結果、日本の通貨の価値が下がり、物価が上がるというインフレが引き起こされ、これも幕府瓦解の一因となったのでした。

ちなみに、江戸幕府瓦解の前には、一八五四―五五年の安政大地震、五八年のコレラ流行、六〇年の金流出→万延小判の発行→インフレと続いています。歴史を振り返ってみると、大きな転換の前には地震等の自然災害・疫病の流行・経済動乱が三点セットとして起こるというひとつの法則があるようです。ご興味のある方は他の時代も調べてみるとよいでしょう。

(68)ウィリアム・ダガン著、杉本希子・津田夏樹訳『戦略は直観に従う――イノベーションの偉人に学ぶ発想の法則』東洋経済新報社

一般的な戦略論では、調査分析を行い、一定のフレームワークに当てはめて戦略を導き出す、というものが多いようです。確かに、何もない状態から考えをまとめるのには「フレームワーク」という道具は使い勝手がよいものです。しかし、先人たちの戦略や意思決定を見ていると、定石では考えられないものも多く、フレームワークを活用する方法を超える「何か」があるのではないかと仮説を立てている時に出会ったのが本書でした。

ちょうどそのころ執筆した拙著で、この問題意識を取り上げました。

「さまざまな分析をしてもどうしても納得いかない場合があります。また、制約された条件の中で意思決定をしなければならない場合もあります。（中略）西洋文明は、一つの事柄を分解し、その分解されたものを究めることで、物事を解明していきましたが、どうも、この方法が妥当ではなくなりつつあるように思います。時代は分析から統合へと大きく転換しているように感じます」（拙著『「活力ある企業」の条件』ＴＫＣ出版、四七ページ）。

続いて引用したのが、本書の戦略的直観における四段階「歴史の先例」「平常心」「ひらめき」「意志の力」のうち、東洋哲学が第二段階の平常心に特に貢献した、とされている部分です。

このような書籍が西洋から生まれたことに、時代は変わったなと感じます。

(69) 一倉定著『マネジメントへの挑戦　復刻版』日経ＢＰ社

著者の著作集は日本経営合理化協会出版局から発刊されていましたが、私は、当初の著作集だけでなく、のちにセットで「一倉定の社長学全集」（全十巻、二〇〇七年）として刊行されたものも読んでいます。

本書は五十五年前に書かれたのですが、このたび復刻版が発行されました。目次を見ると、「1章　計画は本来机上論である」「2章　実施は決意に基づく行動」「3章　統制とは目標を達成しようとする執念」「4章　組織は目標達成のためのチーム・ワーク」「5章　有能な経営担当者への道」「6章　お金（財務）に強くなる法」「7章　時代おくれの教育訓練」「8章　破産しかかっている人間関係論」「9章　労務管理の基礎は賃金」となっており、帯にある「経営は環境に順応することによって生きられるものではない。環境をみずからの力で変革することによってのみ、存続できるのだ。」がすべてを物語っています。五十五年前とは思えない内容のみずみずしさ。現代においても通用する多くの提言。現代の経営者にも必読書といえるでしょう。

(70)馬渕睦夫著『天皇を戴くこの国のあり方を問う　新国体論──精神再武装のすすめ』ビジネス社

著者は元・駐ウクライナ大使で、吉備国際大学客員教授を務めています。以前にも書いたことですが、私は「この著者」と決めると全巻読まなくては気が済まないたちです。本棚の氏の著作を数えたら十四冊になっていました（まだ全巻ではありませんが）。
その中から一冊を選べと言われれば、この本かなと思います。国体（正式には國体）というと右翼ではないかと思われる方もいらっしゃると思いますが、本書を読む場合、そのような先入観をいったん取り払って、素直に読むべきでしょう。内容をまえがきとあとがきから若干引用したいと思います。

わが国を襲っているグローバリズムという普遍主義に対抗するために、神道的な世界観が普遍性を持つように理論化することが必要（中略）私たちの思想の根本となる原理をまとめた、いわば日本思想の総論部分といえるもの。（八ページ）

令和の時代に決着をつけるべき課題は、ユダヤ・キリスト教文明の二十一世紀的表現であるグローバリズムの攻撃的生き方とわが国の伝統文化に基づく調和的生き方との共存を図るということ（中略）グローバリズムを土着化することです。土着化を可能とするためには、わが国が失いつつある伝統文化に復古すること、すなわち、精神再武装が必要（二四四ページ）

古来わが国は、仏教や儒教を受け入れつつも、神道という基盤をもとにそれらを融合させ、独自の進化をもたらしました。今こそ、この先人たちの叡智に学ぶべきだと考えます。

(71) 水野和夫著『国貧論』太田出版

著者は資本主義について刺激的な論考を数々発表されています。私の本棚にある氏の著書もいつの間にか八冊になっていました。

本書は、「第一章　国貧論」「第二章　資本主義の黄昏」「第三章　21世紀の資本論」の三章からなっています。そもそも資本の需要が乏しくなっている、つまり成長の限界から低金利・マイナス金利政策が発生し、経済格差の弊害が結果として国を貧しくしているといいます。

「資本の成長戦略」を破棄し、企業の最終利益を最低限に抑制し、人件費を増やす政策に転換すべきである。企業の最終利益は最終的には新規設備投資のためにあるが、日本では工場、店舗、オフィスビルは「過剰」である。それなのに、利益を高めれば、将来の不良債権を生むだけである。（一五ページ）

資本主義は元来、貧しい人を豊かにするという発想は持ち合わせていないのである。だからこそ、資本主義の外側から規制が必要となる。そうでなければピケティが『21世紀の資本』で指摘したようにいつの時代においても富の集中が極限まで進んで、社会の秩序が不安定になる。（三一ページ）

こう説いています。オフィスビルの過剰は図らずも、今回のコロナ禍で露呈しました。わが国の高度経済成長期は、豊かな中間層を創出し、その需要を賄うに足る供給を続けることで成長を果たしたわけです。それは資金の循環が旺盛だったことを意味しています。一方、極端なROE経営は、その資金循環も企業で留め置かれ、消費や次なる投資に回りにくくなり、合成の誤謬が発生したととらえることもできるでしょう。いずれにせよ、過去の経済社会での有効な手段を実施するというより、人口減少等の環境も踏まえ、次の社会の構造や枠組みを明確に打ち出していくことが現時点で肝要なのではないか。そのようなことを考える材料として格好の一冊であると思います。

(72) 村上和雄著『サムシング・グレート——大自然の見えざる力』サンマーク文庫

著者は『生命の暗号』などの著書もある筑波大学名誉教授。本書は、著者の自伝的要素も織り込みつつ、他の著作と同様、「サムシング・グレート」について多くの箇所で言及するとともに、現代文明への提言をしています。例えば、

複雑な生命体は、私たちの想像を超える潜在能力をもっているとみてよい。しかし、

生物相互のかかわり合い、生物と自然とのかかわり合いのなかで、能力の発現は一定に（適正に）保たれる。つまり、生物系という高レベルの有機的な秩序が保たれていくために、最適値があるということである。（一八三ページ）

増やしつづけ、広げつづけていくのが善であるという直線的な考え方だけは、この文明の転換点に立って、見直していくべきだろう。その意味では東洋的な循環の思想、調和の思想は、人間と自然が、このかけがえのない地球上でそれぞれに最適規模を守りながら暮らしていくうえでの大きな力になると思うのだ。（一八四ページ）

「サムシング・グレート」とは、「神」などに代えて著者がよく使う言葉です。これは、一定の宗教と画すため（誤解を受けないよう）に使用しているものですが、わが国では、古来すべてのものに命・神が宿っているという思想が流れており、「お天道様が見ている」という言葉にも「サムシング・グレート」的な考え方をかいま見ることができます。

「自分を超える偉大なる何か」を実感できる人は幸いであり、常に謙虚でいられます。これに気づかない・気づこうとしないことほど不幸なことはありません。全て自分の力でできるのですか？　この世の中では自分で解決できる範囲は少なく、あらかたが、大いなる力で支えられているのではないでしょうか。

(73) 宇野弘蔵著『恐慌論』岩波文庫

著者は高名なマルクス経済学者ですが、恐慌は資本主義経済に特有の現象であるとして、以下のように論じています。

恐慌論は、先に述べた典型的恐慌現象を基礎にして、資本の蓄積の増進とともに、資本にとって一定の限度をもった条件の下に商品化しうる労働力を中心として、周期的にその矛盾が爆発し、またその矛盾が現実的に解決されるという関係がいかにして必然的に生ずるかを明らかにするものとして、経済学の原理論のいわば結論をなすのである。

（九三ページ）

恐慌の原因は好況期における資本の蓄積にあり、好況期の蓄積は不況期における整理を基礎とするものであり、不況期の整理は、恐慌における資本の破壊によるものといってよいのであって、各段階はいずれも互いにその前行の段階の結果にほかならない。（九五ページ）

生産規模の拡大しつつある限り、銀行は新たなる資金の形成を予想してある程度その銀行券の発行額をも増加し得るのであって、通俗的にいわゆるインフレ現象を呈することになり、銀行もまた投機的傾向に一役を演ずることになるのである。（一一六ページ）

また、恐慌に続く不況期がなぜ生じるかを次のように明確に断じています。

恐慌期における種々なる産業部門間の事情の相違、また、大資本と小資本、産業資本と銀行等の金融機関との関係等は一方に破産と他方には集中をもたらし、資本と資本との間には、その不均衡なる発展に基づく均衡化をもたらすことにもなるのであるが、そして、それはある程度まで再生産過程の回復の要因をなすのではあるが、しかし、それだけで資本家と労働者との関係が新しくなるというものではない。恐慌期に続く不況期は実にこの新たなる社会的関係を展開する準備過程としてあらわれるのである。（一六一ページ）

とすれば、恐慌や不況は「起こりうるもの」として個別企業は好況時にこそその備えを怠らない、「治にいて乱を忘れず」の姿勢が重要なのだと思います。

(74) 梅棹忠夫著『文明の生態史観』中公文庫

大学生の時、「京大式カード」の発明者である梅棹忠夫氏の『知的生産の技術』（岩波新書）

を読みました。本書も家の本棚にあったかと思い探すも、見当たらず、新たに文庫本を購入しました。いくつもの発見がありました。たぶん学生時代に本書を読んでもなんのことかわからなかったでしょう。

本書は同時期に発表された各種論文をまとめたもので、もちろん、タイトルにもなった「文明の生態史観」では、世界を単に東洋・西洋に分けるのではなく、第一地域と第二地域に区分するなど、私にとっては目から鱗の論考でした。しかし、私が一番気づきを得た論文は「比較宗教論への方法論的おぼえがき」でした。

ここでは、宗教と病気を対比しつつ、「宗教は精神にかかわるものであり、病気は、精神病をふくめて、肉体にかかわるところのものである」（三〇九ページ）としています。「ひとつの土地の歴史において、いくつかの宗教が交代する。ひとつの宗教の歴史において、いくつかの土地への移動がみられる。このふたつの現象において、ベナーレスとイェルサレムは、どちらもおなじ型をしめしているようにおもわれる。その類似を手がかりとして、そこから、人類史における宗教の交代と伝播の法則をみちびけないだろうか」（三二二ページ）との問題提起をした後、「北インド（バラモン教→仏教→ヒンドゥー教）」と、「オリエント（ユダヤ教→キリスト教→イスラム教）」を対比し、次のように論じています。

いっぺんエピデミックな宗教の波にあらわれた社会は、ある種の免疫性を獲得するとかんがえるのである。そして、いっぺん免疫性を獲得すると、同種のもの、あるいは類似のものに対しては免疫になって、エピデミックな宗教の波がふたたびおそうことがあっても、それにかかることはない、とかんがえるのである。もし、時間がたって、免疫性がおとろえたときに、あたらしい宗教の波にあらわれた場合には、その社会はその宗教にかかる。（三二六—三二七ページ）

氏の著作集は、中央公論社から別巻を含め全二十三巻が出ています（残念ながら現在は絶版のため古書を入手せざるを得ませんが）。本書によって、「気に入った著者の本は全巻読む」という私の習癖がまた出てきて、結局計二十三巻をまとめて注文してしまいました。

(75)吉田篤生著『慶応義塾大学大学院ＳＤＭ伝説の講義』日経ＢＰ社

本書は、元慶應義塾大学大学院システムデザイン・マネジメント研究科特別招聘教授として、著者が教鞭をとった講義「経営・財務戦略論」を書籍化したもの。

「経営・財務戦略論」というと、どうしても数字の話が多いと思われがちですが、ある学生の「受講できたことで自身の人生観が広がり、幅の広い経営に対する新たな価値を得られた」（三〇六ページ）という声が本書の評価の全てを物語っているように思います。「多様性の背後には、予測可能なパターンの途切れのない流れがある。（中略）進化には法則があり、（中略）経営にも生態学的視点を取り入れることが重要」（一五ページ）と指摘しています。この点、私も共感します。

あとがきの中で、「継続するためには適正な利益は絶対に必要ですが、人間と同じ存在であれば、その企業とその企業に関わる全ての人たちが将来にわたって幸せに生き、そして、その生命をつなげていくために何をすべきかを考える必要があります」（二九八ページ）と著者は述べています。全く同感です。

実は私も、法政大学大学院政策創造研究科客員教授として「財務戦略論」を講じておりましたが、受講生からは、「財務ではなく哲学であった」とお褒め（？）の言葉を多数いただきました。「会計や財務の前提に経営があり、経営の前提に人生がある」とは私の信条のひとつですが、技術論である会計・財務に対して、目的論である哲学は、本来切っても切れない関係にあります。この目的論（なんのために）がなければ、会計も財務もむなしいものになってしまうのです。著者は税理士でもあり、ＴＫＣ会員でもあります。このような点にも不思議な縁を感じています。

(76)伊與田覺著『人生を導く先哲の言葉』致知出版社

著者は古典活学の第一人者として高名ですが、本書は、月刊「致知」の連載の一部を一冊にまとめたもので、中国古典から十二の章句を選び解説を加えたものです。全部で一一四ページ、しかも大きい文字なので、抵抗なく読めます。しかし、一つひとつの言葉は重い。

自分の人生や想いなどとすり合わせつつ読み進めていくと実に味わいがあるのです。例えば、「獨を慎む」。いわゆる慎獨《しんどく》ですが、「独りの時間に何をしているか。自分を少しでも高めていくためにも、他人の見ていないところでも己を律し、より有意義な時を重ねてゆきたいものです」（六六ページ）とあります。

現在、コロナ禍により、多くの会社で在宅勤務が増えてきました。在宅になった場合、自分を律することができない人はかえって生産性が悪くなるばかりか、成長の機会も奪われてしまうのではないかという危惧を持っています。昔の人は、「お天道様が見ている」と言って、「誰にも見られていなくても、自分を律しつつ、まっとうに生きよ」と教え諭したものです。九九ページで紹介した『サムシング・グレート』ではありませんが、大いなるものの中で生かされて生きているという実感を持ちつつ生活すべきなのではないかと思います。

(77) 森田健司著『なぜ名経営者は石田梅岩に学ぶのか？』ディスカバー携書

著者は石田梅岩研究の第一人者で大阪学院大学教授。

石田梅岩は心学の創始者であり、日本版CSRのもとを創ったとも称されています。梅岩は「商人が正当な利益を得るのは武士が俸禄をもらうのと同じだ」として、商人の利益を肯定しています。この点からも商売の原理原則を説き、倫理観の高い商人が社会に有用であると説いているのです。後世の多くの経営者等が梅岩の心学に共感し、その経営に応用しているのは無理のないことだと思います。

梅岩は『都鄙問答』などを著わしており、それを読めばいいのですが、難解な点も多いため、手っ取り早く梅岩の思想の全体像を把握するのに、もってこいの書籍として本書を紹介した次第です。

(78)小室直樹著『小室直樹　日本人のための経済原論』東洋経済新報社

本書は『小室直樹の資本主義原論』(一九九七年)、『日本人のための経済原論』(一九九八年)の二冊を合本し、二〇一五年に出版されたものです。小室直樹氏は、理学・経済学・法学等々のさまざまな分野に精通し、『ソビエト帝国の崩壊――瀕死のクマが世界であがく』(光文社、一九八〇年）をはじめとして、二〇一〇年に亡くなるまで数多くの著作を発表。そのどれもが憂国の書といってもいいほど、日本の諸問題を的確にえぐりだしていました。

本書でも、日本は「封建制と資本主義とが、何とも奇妙に絡まりあった混交経済である。スーパー鵺経済と呼ぶべきか」（三ページ）、「経済法則が作動し得るための条件を示し、この悪循環を断つことが本書の指針」（四ページ）とし、第Ⅰ部の資本主義原論では、「市場なき『資本主義』とは！　その結果どうなった。淘汰が行われなくなった。日本企業は危機管理ができなくなってしまったのであった。日本は『資本主義』から脱走した」（三〇九ページ）と結ばれています。

もとの二冊は、約二十年前に書かれたものですが、財政赤字問題などについても今に通じる提言をしています。今こそ本書を読みかえすべきでしょう。

(79)田坂広志著『経営者が語るべき「言霊」とは何か――リーダーの「言葉の力」が企業を変える』東洋経済新報社

本書はあとがきでも述べているように「書籍講演」という新たなスタイルで書かれたもので、講演そのものを聞いているように、一つひとつの言葉がズシリと伝わってきます。まさにこの書籍自体が、その言霊の例示でもあります。日本経営合理化協会からは同名のCDも発刊されていますので併せて学ぶのもよいでしょう。

本書からいくつか気になった文章を抜粋します。

「ビジョン」とは、単なる「ミライに対する願望」のことではなく、まさに「未来に対する洞察」(四二ページ)

単なる「マネー・リターン」だけが収穫ではない(九二ページ)

未来を「予測」するな。未来を「創造」せよ（一一八ページ）

経営の世界において大切なことは、「何を語るか」ではない。「誰が語るか」である。（二一〇ページ）

本書は知識習得の本ではなく、著者との対話ができる稀有な本だと思います。

(80)門田隆将著『疫病２０２０』産経新聞出版

私は今回、新型コロナウイルスや疫病の関係本を複数冊読んでみました。それは、今何が起こっているのか、ここまで拡大したのは何が原因で問題なのか、そして、これからどうなるか（どうするか）を理解するためです。

その中で、本書は圧巻でした。本書は時系列的に氏のツイートを交え、その発生・感染拡大の流れを追っていきます。その時その時の意思決定判断の失敗等も的確に記述されるため、たとえ百年後に同じようなことが起きた時にも、各人が対処できるような参考になる同時代史だと感じました。

さて以下は、本書の内容とは関係がなく、私見です。歴史は繰り返すといわれていますが、同じことが繰り返されるのは、人類は叡智の積み重ねができていないということです。約百年前のスペイン風邪は、日本でも人口の三分の一が感染し、四十万—五十万人が死亡しました。一説によると、第一次世界大戦でも兵士の多くが罹患、戦闘の継続が困難となり、これが終結の一因となったとされています。今回のコロナ禍では、日本の死者数が少ないのは医療従事者の懸命な努力の賜です。たとえ政策等が不完全であったとしても、現場力がそれを支えているという構図です。これが日本の社会の真の姿なのでしょうか。その場合、豊かな中間層を厚くしていかなければ、現場力そのものも急速に失われてくるのではないかと危惧しています。考える人と行動する人を分断してはいけません。しかし、過度のマニュアル化が思考しない現場をつくりつつあることも事実です。現場の方々が相応に課題を発見して考え、実行し解決していくところに現場力が培われます。

残念ながら今の経済政策は、ひと握りの大成功者と大勢の敗残者をつくっているようです。これが「間違いだ」と気づく人が増えることを切に祈るばかりです。

(81)伊丹敬之著『経営の知的思考――直感で発想　論理で検証　哲学で跳躍』東洋経済新報社

本書の序章は「ロジカルシンキングから『直感・論理・哲学』へ」となっており、序章に本書の言いたいこと全てが詰まっているように思います。また、「はじめに」でも「哲学の重要性を、多くの人が明確に意識したほうがいい。裏を返せば、哲学のない人は、問題の先送りを続けてしまう危険や世間との横並びの判断をしてしまう恐れが、かなりありそうだ」（六ページ）と記されており、同感です。ただ、本書は論理での検証の重要性も同時に強調していることを付け加えておきたいと思います。

私自身、独立して三十一年になりますが、常に十年先を予測し、十年後のあるべき姿とお客様像及びそのニーズ、事務所のサービス内容はいかにあるべきか、それを実現する人財と

ＩＴのあり方などを考えながら経営を行ってきました。しかし、当初の私の発想は誰も見たことがないのですから、誰も信じてくれません。私の発想は過去の延長線上にあるものではなく、未来から今を見るものだからです。そこで私は、各種データ等を使用し、論理的に耐えうるか、皆に伝えてわかりやすいものだろうか等々を検証し、最後に哲学（経営理念等）で判断するという行為を日常的に行っていました。そのため、経営者の決断に関して著者の提唱する内容は違和感なく受け入れられた次第です。

(82)藤和彦著『人は生まれ変わる――縄文の心でアフター・コロナを生きる』ベストブック

著者は経産官僚（現在は経済産業研究所上席研究員）として活躍されており、著書も多数にのぼります。二〇〇四年に発行の『22の事例に学ぶ　ものづくり中小企業の勝ち残り戦略』（ＴＫＣ出版）では、「会社経営をみてもらえるプロ」として私の事例を取り上げていただきました。前著『日本発　母性資本主義のすすめ――多死社会での「望ましい死に方」』（ミネルヴァ書房、二〇一九年）では、今後の社会の枠組みを積極的に提言しています。本書も、副題の「縄文の心でアフター・コロナを生きる」にひかれ手にした次第です。

　著者は、「近代化は、人々を置き換え可能なコマにすることで富を蓄積していくシステムだからです。いつでも他人と置き換えられるし、ある条件を満たさなくなったら『おまえはもういらない』といわれる世知辛い社会ですが、このシステムから簡単には抜け出せません」（一四四ページ）とし、「混迷する現代を救う道は、生まれる前の自分に思いをはせるような非科学的なゆとりを各人が持つことにある」（一四五ページ）、「今どう生きるかが来世につながると考えれば、自分の欲望だけをむさぼっているのではなく、欲を満たして得たものを社会にどのように還元できるのかということまで意識が及ぶ」（一四六ページ）としています。これは、私が常々申し上げている、「利益の獲得は誰でもできる。しかし、その使い方で品性・品格が現れる」と同じことです。

　「生まれ変わり」というとオカルト的と敬遠される方もいらっしゃるかもしれませんが、本書では今後の高齢社会に対する提言等もありますし、素直に読むべきだと思います。「縄文文化が長い間継続したのは、普遍的無意識に立脚した『生まれ変わり』の信念のおかげ」（一〇八ページ）かもしれないのです。

(83)長浜浩明著『日本人ルーツの謎を解く――縄文人は日本人と韓国人の祖先だった！』展転社

著者は、長い間、建築の空調・衛生設備設計に従事した技術者ですが、古代史で定説とされていた「弥生時代に渡来人が大量に渡来した結果、縄文人は征服された」という説に疑問を抱き、ＤＮＡ人類進化学、人口学、言語学等々さまざまな知見をもとに、「日本語の成立は縄文中期以降」であり、その発生は「縄文時代以前」であるとし、「日本民族は縄文以来の長い歴史をもっていた」としています。約二十五年前に、地球と人類の歴史を克明に記した「竹内文書」に関する本を読んで、さまざまな文明は日本から発祥したと記されていることに衝撃を受けましたが、偽書ともいわれ長い間忘れていたところ、本書を読んでふとこれを思い出しました。

世に定説や通説が多くありますが、「本当にそうなのか」は一度じっくりと確認してみる必要がありそうです。本書は、技術者らしく、証拠を一つひとつ丹念に確認していく叙述のため、センセーショナルなものではありません。視点を変えるためにもぜひとも読みたい一冊です。

(84)関裕二著『縄文文明と中国文明』ＰＨＰ新書

著者によれば、日本の古代史は塗り替えられつつあり、「現代にまでつながる『三つ子の魂』が縄文一万年の時代に形成された可能性が指摘されるようになってきた。海の外から新たな文物が流入しても縄文的な発想で取捨選択し、列島人にとって必要な物だけを選んでいたこと、さらに、工夫を加え、日本の風土に合わせて改良していった様子が見て取れる」（五ページ）としています。

今、ダイバーシティが叫ばれていますが、もともと日本人にはこの考えが強かったのではないかと思います。それは、多神教の社会だからです。一神教では善か悪かで判断します。多神教では、「これも良し、あれも良し、しかもこうすればもっと良し」と考えるからです。

そこには敵対と排除の論理はありません。自然の中に生かされて生きている人間、「みんな仲良くやろうや」の世界なのです。対立からは何も生じませんし、その結果生まれるのは一部の勝利者と大勢の敗残者だけです。

森と共生した縄文人。現代の課題、問題も文明論の観点からひもとくべきではないでしょうか。

(85)宇田川元一著『他者と働く――「わかりあえなさ」から始める組織論』NewsPicks パブリッシング

著者は埼玉大学経済経営系大学院准教授で法政大学大学院でも客員教授を務めておられます。

「『わかりあえなさ』から始める組織論」との副題につられ購入したものですが、その意味するところは、ダイアローグとナラティヴを中心にした「新しい関係性を構築する」（七ページ）ことです。本書の構成は次の通りです。

「第1章　組織の厄介な問題は『合理的』に起きている」「第2章　ナラティヴの溝を渡るための4つのプロセス」「第3章　実践1．総論賛成・各論反対の溝に挑む」「第4章　実践2．正論の届かない溝に挑む」「第5章　実践3．権力が生み出す溝に挑む」「第6章　対話を阻む5つの罠」「第7章　ナラティヴの限界の先にあるもの」

ナラティヴ・アプローチは医療関係者等で実践されてきましたが、企業経営面でもその重要性は指摘されつつありました。著者は本書で、「ナラティヴというと日本語では『語り』と訳されています（中略）ひとつは、語る行為である『語り』としてのナラティヴ、もうひとつは、その語りを生み出す世界観、解釈の枠組みとしての『物語』です」（三五ページ）とし、「『どう相手を捉える私の物語を対話に向けていくか』を主軸にしたもの」（三六ページ）と定義づけています。また、他者との対話においては、

1．準備「溝に気づく」
2．観察「溝の向こうを眺める」
3．解釈「溝を渡り橋を設計する」

4．介入「溝に橋を架ける」

というプロセスが重要であると指摘しています（三九ページ）。

「近頃の若い者は……」と嘆くより、「わかりあえない」ことを前提にして、どうすれば関係性を構築できるかを考えたい経営者・管理者等にはお勧めです。

(86)ラルフ・ウォルドー・エマソン著、伊東奈美子訳『自己信頼［新訳］』海と月社

エマソンは十九世紀中葉に活躍した自己啓発の祖といわれる人です。エマソンの著作は日本でも多く翻訳され、たとえば、今はオンデマンド印刷・製本で、『エマソン選集』（日本教文社）として次の七巻を手に入れることができます。

「第1巻　自然について」（斎藤光訳）、「第2巻　精神について」（入江勇起男訳）、「第3巻　生活について」（小泉一郎訳）、「第4巻　個人と社会」（原島善衛訳）、「第5巻　美について」（斎藤光訳）、「第6巻　代表的人間像」（酒本雅之訳）、「第7巻　たましいの記録」（小泉一郎訳）。

今回紹介する「自己信頼」はこのうち第2巻にも掲載されているもので、代表的な著作であることから、単独でも多くの翻訳本や解説本が出ています。何冊か手にしてみましたが、この新訳が一番フィットするかなと思います。たとえば、次のような章句に気づかされるものがあります。

人格の力は積み重なる。過去に徳に励んだ日々が、活力にあふれたいまをつくるのだ。（三七ページ）

大人は自意識によって、自分で自分を牢獄に閉じ込めている。ひとたびその言動が大喝采を浴びれば、彼はただちに拘束され、何百人もの共感や敵意に監視されるようになり、以後は何をするにも周囲の意向を気にするようになる。（一五ページ）

祈りとは、至高の観点から現実を深く静かに思うことだ。（中略）しかし、私的な目的

をかなえるための祈りは下劣であり、盗みに等しい。（七六ページ）

訳者あとがきでも、「真理は自分の内にあり、付和雷同せず、常に自己をよりどころとして主体的に生きるべきである」（一〇三ページ）と述べられており、本書の位置づけ、価値はこれに尽きると思います。

思えば、自分の外部に基準を置き、また、外部の判断に惑わされていては、主体的に生きることはできません。自分の中にこそ真理は宿り、それを信じて精いっぱい生き抜くところに幸福感が得られるのではないかと考えています。自己を信頼する、すなわち、自信を持つことが出発点なのです。

また、今こそ、自分を縛っている呪縛を解き放つ時なのです。なお仏教でも「自灯明《じとうみょう》」「法灯明《ほうとうみょう》」として、自分の中の真実をよりどころにせよ、と説いています。

(87)飯田史彦著『生きがいの創造――〝生まれ変わりの科学〟が人生を変える』ＰＨＰ研究所

著者は福島大学教授を経て現在はカウンセラー等で活躍されています。本書は、助教授時代に出版したものです。

著者はもともと、経営学者として「生きがい」や「やる気」を研究していましたが、従来の手法は、一時的にそれらを向上することができても表面的であり、長続きしないことに気づきます。そして、「生きがいを見失った人々は、『生きる力の源泉』そのものを失っていることが、少なくありません。いわば、電池の切れた装置がスイッチを入れても動かないのと同じ状態であり、ただ『いつまでもスイッチを切っていないで入れてみろよ』と声をかけるだけでは、効果は望めないのです」（三七ページ）とし、「『死後の生命』や『生まれ変わり』が事実であると仮定すれば、私たちの日常の小さな不満は無意味なものとなり、何の価値を持たないように見えた不幸や挫折が、逆に重要な意味をおびてくる可能性があります」（三八ページ）としています。

また、「発刊によせて」では、船井幸雄氏とハワイ大学名誉教授のムネオ・ジェイ・ヨシカワ氏が執筆されていますが、ヨシカワ氏の「人間は意味を創造する生き物であり、また、価値を創造する生き物でもある」、「自分自身の存在価値を見出した者は強い。この自分自身の存在価値を発見することこそ、何よりもパワフルな生きがいの源泉となるのだ」（七ページ）という言葉に本書の特色が明確にあらわれています。

(88) 坂本孝司著『税理士の未来――新たなプロフェッショナルの条件』中央経済社

著者は、税理士・米国公認会計士、愛知工業大学大学院教授、ＴＫＣ全国会会長としても活躍されています。

本書は、「第1章　税理士の職務」「第2章　税務業務」「第3章　会計業務」「第4章　保証業務」「第5章　経営助言業務」「第6章　4大業務の基礎」「第7章　変化する時代への対応」の七章から構成されています。税理士の本来業務は「税務」「会計」「保証」「経営助言」の四つとして、第5章まで、これらの業務の本質と展開を説き、第6章ではその業務を支える基礎として「会計帳簿」「巡回監査」「システム」を解説しています。

ＡＩの進展によって「税理士業務はなくなるのではないか」と予測する人も多く、受験者も激減の一途をたどっています。税理士業務を単なる「帳簿付け」ととらえれば、相当の部分はＡＩやＲＰＡにとってかわられてしまう可能性は大いにあります。しかし、職業会計人は、その本質を尋ねれば、経営者に寄り添う「親身の相談相手」であったはずですし、それを突き詰めれば、税務・会計を基礎として「決算書の保証」「経営助言」という新たな業務展開が重要であることを本書は示唆してくれています。

私は、商品・サービスは「ターゲット」と「ニーズ」と「ノウハウとサービス提供体制」で決まると思っています。今から四十年以上も前はコンピュータもまだ発展途上であり、それを操作する人も限られていたため、帳簿付けは大変でした。そのため、「帳簿付けをしてもらいたい」というニーズに、簿記検定二級や三級合格の職員の知識とノウハウで「記帳代行」というサービスが生み出され、システム化・マニュアル化を積極的に取り入れた事務所が発展していきました。

しかし、パソコン会計も普及し、操作も容易であり、帳簿付けを誰でもできる現在では、

「記帳代行サービス」はすでに時代遅れになってしまっています。しかし、その帳簿から誘導的に作成される決算書の質を担保する（保証する）ことは、会社側だけでできるのでしょうか。大企業であれば公認会計士がいますが、多くの中小企業の場合は税理士がその職務を担っているのではないでしょうか。また、そもそも「よい会社を創りたい」というニーズには、簿記二級の知識があってもサービスを提供するのは難しいでしょう。

未来は、来るものではなく、自ら描き、つくるものです。社会のニーズを素直にキャッチすれば、まずは、そのニーズを具現化できるよう、税理士自身が変革し、変化に対応できるように事務所を作り替えていくことが大切なのではないかと思います。

本書は、税理士や税理士志望者にはもちろん読んでもらいたいのですが、金融機関や中小企業経営者にこそ読んでいただき、「税理士は頼りになる」と感じていただければと思っています。

(89)神谷満雄著『鈴木正三――現代に生きる勤勉と禁欲の精神』東洋経済新報社

私の手元にあるのは一九九五年十二月の初版本です。今でこそ、鈴木正三《しょうさん》の著作は中公クラシックスより『鈴木正三著作集』全二巻が出版されて手軽に読めるようになりましたが、当時は手に入りにくいものでした。また、本書は伝記的要素も含んでいるため、鈴木正三の思想を体系的に学びたい人にお勧めです。

鈴木正三は、三河に生まれ、徳川第二代将軍秀忠の馬廻役として関ヶ原の役、大坂冬の陣・夏の陣にも従軍しますが、その後突如として出家し、生涯仏門を歩みます。

正三は特定の宗派にこだわらず、より在家の人々に近い立場で仏教を思索しました。仁王・不動明王のような厳しく激しい精神で修行する「仁王不動禅」を推奨する一方で、在家の人びとには『萬民徳用』を執筆、「世法即仏法」を根拠とした「職分仏行説」と呼ばれる職業倫理を提唱するなど、日々の職業生活の中での信仰実践を説いています。

つまり自分の職業を一所懸命続けることが悟りにつながるのであり、自己の成長の礎になる。悟りは、日常生活とは別のものではなく、日常生活の中にこそそのヒントがある、ということです。

このように、一般の人間に対して「仕事即菩提」を説いたところに、「勤勉と禁欲の精神」が培われ、その後の社会の精神的基盤をつくりあげたといっても過言ではありません。

現在、「働き方改革」と称して時短や休日増を中心とした法整備や改革が進められています。しかし、このような時代だからこそ、「仕事とは何か」の原点に戻ることが必要だと考えます。

(90)木村秋則著『リンゴが教えてくれたこと』日経プレミアシリーズ

著者は、無農薬・無肥料でのリンゴの栽培をさまざまな困難を克服したのち実現します。この話はＮＨＫの「プロフェッショナル　仕事の流儀」で放映されると大反響を呼び、石川拓治氏の筆による『奇跡のリンゴ――「絶対不可能」を覆した農家　木村秋則の記録』（幻冬舎）もベストセラーになりました。

本書は、本人の筆によるものです。著者は「はじめに」で、「当時、私は自分がリンゴを作っていると思いあがっていました。失敗を重ね、この栽培をやって知ったことは、私ができるのはリンゴが育ちやすいような環境のお手伝いをすることぐらいということでした。地球の中では人間も一生物にすぎません。（中略）人間はもっと謙虚であるべきだと思います」（四—五ページ）と記しています。また、帯には「自分がリンゴだったら、イネだったら。と考えました。」「虫は作物の毒を食べている。雑草は余分な栄養を吸い取り、土を作る。」とあります。これらがすべてを物語っているようです。『発酵道』でも紹介したように（→三五ページ）、「生かされて生きている」という実感が大切なことは、農業や醸造業だけでなくすべての物事に共通するものです。いま一度、謙虚さを実感するためにも本書はお勧めです。

(91)福岡伸一著『生物と無生物のあいだ』講談社現代新書

本書は分子生物学の観点から「生命とはなにか」を追求した本ですが、そもそも私にその方面の知識がないため、仏教や易経の乏しい知識に依拠しつつ読み進めていきました。驚いたことに、結論はほとんど同じものでした。本書よりいくつか引用します。

生命を構成する原子もまた絶え間のないランダムな熱運動から免れることはできない。つまり細胞の内部は常に揺れ動いていることになる。それにもかかわらず、生命は秩序を構築している。（一四〇ページ）

すべての原子は生命体の中を流れ、通り抜けているのである。（一六二ページ）

生命とは代謝の持続的変化であり、この変化こそが生命の真の姿である。（一六四ページ）

進化そのものも、DNAの文字上に起きたわずかな変化が、タンパク質の文字を書き換え、それが場合によってタンパク質の作用に大きな変更をもたらすことで引き起こされるのである。（二六二ページ）

仏教では、「色即是空、空即是色」を説いています。これは、目に見える体という実体のようなものも実は原子の運動により形づくられていることと同じです。また、DNAが対構造をし、互いに修復していることなどは、陰陽説と同じようなものでした。

また、企業という組織体も、生命体という観点から見ていくと合理的に説明できるのです。原子を人・モノ・カネ・情報という要素とすれば、これらは絶えず組織体に出たり入ったりと運動を繰り返しています。これが、企業を企業たらしめるエネルギーととらえるとよく理解できると思います（つまりこのようなものが出入りしなくなれば生命体としての死が訪れるということです）。また、先に引用した小さな変化が大きな変化につながるという二六二ページの記述も、たとえば組織体にいい意味での変人がひとり入ることによって、組織体が大きく変化していくことと似ています。このように、あらゆるものは相似形であり、原理原則は同じなのだと思います。

絶えず変化を繰り返している身体を統一せしめているもの、それを魂と仮に呼べば、組織体を統一せしめているのは、間違いなく、「経営理念」と呼べるでしょう。

ちなみに私は本書を読破したのち、より理解を深めるべく、次の書籍を入手しました。

『細胞の分子生物学　第6版』（Albertsほか著、中村桂子・松原謙一監訳、NEWTON PRESS）

『人体は流転する――医学書が説明しきれないからだの変化』（ギャヴィン・フランシス著、鎌田彷月訳、原井宏明監修、みすず書房）

『人体の冒険者たち――解剖図に描ききれないからだの話』（ギャヴィン・フランシス著、鎌田彷月訳、原井宏明監修、みすず書房）

(92)長沼伸一郎著『現代経済学の直観的方法』講談社

令和二年四月に、新聞広告につられて購入。しかし、その甲斐がありました。私は多読なほうですが、この本をじっくり読んだため、四月の読書冊数は十五冊と通常の半分程度になってしまいました。私の読書タイムは電車での移動時間が多いのですが、コロナの関係で外出を自粛。電車に乗れません。これも読書冊数が減っている要因です。

本書は経済学書でありながら、歴史書、哲学書でもあります。著者は最終章で資本主義の将来を論じるに際して、「縮退」という概念を持ってきています。これは、「中心部が栄えて全体としては量的に大きくなったとしても、生態系としては劣化している」（三七六ページ）状態を意味します。これをGAFAを例にとり、「世界の経済を見ても、グーグルやアマゾンに代表されるごく一握りの超巨大企業だけは栄えており、それらだけで統計をとれば世界経済そのものは間違いなく繁栄しているのである」（三七三ページ）とし、これを「経済が（巨大企業に）縮退している」（三七四ページ）と表現しています。

そして、「一旦縮退状態に陥ってしまったものは、そこからゆっくり回復するより、むしろ全体が一種の大破局でリセットされて、更地から再出発していることが多い」（三八四ページ）としています。

本書の解説からは離れますが、日本の中小企業の生産性が低いのは小規模の企業が多いからだという議論があります。確かに各種統計から判断するとその通りです。しかし、だからといって、（生産性を高めるためだけに）統合や合併をすれば、課題は解決するのでしょうか。もし強制力によってこの政策を進めた場合、生産性は高まるでしょう。しかし、それ以上に失業者が増え、それを支える財政出動が多額になるのではないでしょうか。また、先ほどの議論に戻れば、生産性を突き詰めていく過程で大破局がきて、ご破算・リセットとなるのではないかと危惧しています。

(93) 佚斎樗山著、石井邦夫訳注『天狗芸術論・猫の妙術　全訳注』講談社学術文庫

「天狗芸術論」「猫の妙術」はいずれも剣術の秘伝の書といわれています。このうち、「猫の妙術」はわずか二十二ページの短編。

勝軒という剣術家の屋敷に住みついた大鼠が、飼い猫を追い出してしまうので、勝軒は、「無類の勝れもの」といわれる猫を借りてきた。その猫は、利口そうでもなく、きびきびしている様子もない。ところが、この猫が部屋に入ると鼠はすくんで動けず、銜《くわ》えられてしまったのでした。

最初に鼠を退治しようとした黒猫は、技が重要と考え、その技を体得することが修行であり、その技で相手を打ち負かそうとします。しかし、負けます。

次の虎猫は、気で相手を負かそうとしますが、それは見せかけのもので、自分以上の気を出す相手にはかないっこありません。

三匹目の灰猫は作為でもって相手を負かそうとします。しかし、これも鼠には通じません。これらに対し、鼠に勝った古猫は、いわば、無為自然の境地で相手に対応しているのです。前述したように、本書は剣術の秘伝書であり、人生の秘伝書でもあります。二九ページでも紹介した、中島敦「名人伝」にも通じる世界です。

(94)瀧本哲史著『ミライの授業』講談社

著者はベンチャー投資家兼京都大学客員准教授として活躍されていましたが、惜しくも二〇一九年に亡くなられました。

本書は、京都大学での授業内容の水準を落とさずに、十四歳に向けて行った授業を再現したものです。講義のタイトルは「未来をつくる5つの法則」。

・世界を変える旅は「違和感」からはじまる
・冒険には「地図」が必要だ
・一行の「ルール」が世界を変える
・すべての冒険には「影の主役」がいる
・ミライは「逆風」の向こうにある

これらが章のタイトルになっており、各章ごとに偉人たちの例を取り上げつつ話を進めていますので非常に具体的でわかりやすくなっています。

著者は最後の章で、「みなさんが若者であることは（中略）大きな武器」「みなさんが世界を変えようとするとき、自分の夢をかなえようとするとき、周囲の大人たちが応援してくれると思ったら大間違いです。大人たちが応援するのは自分の地位を脅かさない若者だけ。つまり、『世界を変えない若者』だけです」「逆風が吹き荒れても、周囲の大人たちがこぞって反対しても、怒られ、笑われ、バカにされても、そこでくじけてはいけません」「あなただけの『ミライ』は逆風の向こうに待っているのです」（二四四―二四七ページ）と応援メッセージで結んでいます。

経験だけで判断するなら、大人たちの経験年数はたかだか三十―五十年にすぎません。確固たる歴史観を持たない大半の大人たちは、それくらいの年数の経験だけで判断しているに過ぎないのです。しかも今後、世界は大きく変わる。過去三十年から五十年程度の変化以上の変化が押し寄せようとしています。このような時代にあっては自分の中にこそ判断基準やモノサシを持っていないといけないのです。

(95)細谷功著『具体と抽象』dZERO

本書の帯には、〝永遠にかみあわない議論、罵り合う人と人。その根底にある「具体＝わかりやすさ」の弊害と「抽象＝知性」の危機。具体と抽象の往復思考で見えてくる対立の構造と知性のありようとは？〟とあります。

「はじめに」にも「抽象の世界というのは具体の世界と違って、見えている人にしか見えません。したがって、『見えてしまった人』が『まだ見えていない人』とコミュニケーションするのは一苦労どころの話ではありません」（四ページ）とあります。

確かにその通りで、抽象化することで普遍性が高まるため、具体的なできごとから一定の法則を見出す、あるいは導き出すことが「抽象化」とすれば、抽象化になじんでいる人にとって、抽象から具体を想像するのはたやすいものです。しかし、具体のみに生きる人にとっては、抽象概念を話されても、「一を聞いてゼロを知る」ことでしかないのです。本書は具体と抽象を行き来しながら思考し、コミュニケーションをとっていくことの重要性を多方面の観点から説いています。

(96)池間哲郎著『日本人だけが知らない世界の真実』育鵬社

日本は、中国や韓国から良く思われていないだけでなく、いまだに戦争責任の追及がなされています。ところが、一般社団法人アジア支援機構代表理事としてアジア各国の子どもたちの支援と交流を三十年以上続けている著者が会った人々は、中国・韓国とは真逆の日本人観を持っていたのでした。本書では第二章で、台湾、パラオ、インド、カンボジア、ラオス、ミャンマーを例示しています。

著者の『世界にもし日本がなかったら――歴史の真実、アジアの真実』（育鵬社、二〇一五年）でも、「日本を嫌っているのは近隣の3カ国とチョット（日本を嫌う一部の日本人）」（二一ページ）と書いていますが、日本人自身が戦後、全ての国から嫌われていると刷り込まれてしまったのです。

植民地主義では、自国のため搾取できるところから全て搾取するということを行ってきました。当然、教育制度を整えることなどはしません。ところが日本は、教育制度を整え、ダム等のインフラを整え、その国の人々も共に栄える道を模索し実践していったのです。そして、台湾などではそれらが脈々と受け継がれているのです。

日本が悪といわれた近現代史、今こそ、このような「真実」を掘り起こし、後世に伝えていかないと、日本は自虐史観にとらわれたままになってしまうでしょう。

(97)鈴木貴博著『日本経済　予言の書――2020年代、不安な未来の読み解き方』PHPビジネス新書

本書は戦略コンサルタントの著者が、二〇二〇年代に日本を襲うであろうショックを次のようにまとめています。私は、これらはかなりの確率で当たるのではないかと思っています。

・アフターコロナショック
・トヨタショック
・気候災害ショック
・アマゾンエフェクト
・人口ピラミッドの崩壊
・ポピュリズムショック
・デジタルチャイナショック（九―一〇ページ）

ただ、本書は悲観的な未来だけを解説しているわけではなく、「変えられる未来」とその方法にも言及していますので、このようなショックの中で自社や自分はどう意思決定し行動していくかを考えながら、読んでいくべきだと思います。

(98)猪瀬直樹著『新版　昭和16年夏の敗戦』中公文庫

昭和十六年四月一日、内閣に「総力戦研究所」が設置されます。各省庁や日銀、民間などから三十代の若者が招集され、模擬内閣を組閣し、対米開戦についての閣議を続けていました。同年八月二十七日に近衛内閣に対して研究成果を発表。それは、次のようなものでした。

「十二月中旬、奇襲作戦を敢行し、成功しても緒戦の勝利は見込まれるが、しかし、物量において劣勢な日本の勝機はない。戦争は長期戦になり、終局ソ連参戦を迎え、日本は敗れる。だから日米開戦はなんとしてでも避けなければならない」（八三ページ）

しかし、残念なことに、時の内閣は開戦へと進んでいったのでした。総力戦研究所では各種データをもとに、国力の差から「開戦回避」を提言したのですが、内閣は、データより空気で意思決定してしまったのでした。そして、その後の歴史は、模擬内閣が予測した通りに進んでしまいました。

本書は、太平洋戦争を題材に、その決定基準の是非を問うていますが、このような「データより空気に基づく意思決定」は企業内でも起こりうるもので、今にいたるまで、日本国内を覆う病だといえるでしょう。

社会の分断が進み、ポピュリズムが台頭するとき、この「データより空気」はいっそう高まってきます。だから、このような状態が起こらないよう各自注意をしていかなければならないと考えます。

(99)松下幸之助著『道をひらく』PHP研究所

本書は、著者がPHP研究所の機関誌「PHP」の裏表紙に連載してきた短文の中から一二一編をまとめたものです。昭和四十四年に発行以来、ベストセラー・ロングセラーになっています。

見開き二ページの短文であり、平易な言葉だが奥が深い。読み返す。新たな発見や気づきがある。自分自身と対話する。そんな本です。

内容は、「運命を切りひらくために」「日々を新鮮な心で迎えるために」「ともによりよく生きるために」「みずから決断を下すときに」「困難にぶつかったときに」「自信を失ったときに」「仕事をより向上させるために」「事業をよりよく伸ばすために」「自主独立の信念をもつために」「生きがいある人生のために」「国の道をひらくために」の十一章からなり、人生論・経営論・国家論と幅広く、ひと言でいえば現代版『論語』といってもいいでしょう。

(100)ディケンズ著、村岡花子訳『クリスマス・キャロル』新潮文庫

私の手元には、池央耿《ひろあき》訳『クリスマス・キャロル』（光文社古典新訳文庫版）を含め二冊がありますが、今回は、初めて手にしたこちらを紹介したいと思います。

ケチで冷酷でガリガリ亡者の守銭奴、スクルージ老人は、相棒マーレイの霊と対話し、予言通りに知人の家を訪問する。

スクルージはその導きにより、過去・現在・未来を観ることになりますが、これは、自分自身との対話と言い換えてもよいと思います。その対話を通じて、心を入れ替えるというよりも自己の本質につながったということなのです。誰もが持っている本源的な「良心」。しかし、環境や教育によってそれが曇らされている状態になっています。そして、その曇りを晴らすのは外部の力ではなく、自己の決意と選択によるのです。

人間は、目の前に現れるできごとを過去の経験等によって意味付けし、解釈していきます。スクルージに現れるできごとが変わったのではなく、スクルージ自身の判断基準が変わったことで全く違った世界が現れてきたのです。

人は生まれ変わることができる。気づきと感動によって。

心温まる物語です。

第二部　歴史に学ぶ経営の本質

第一章　仏教に学ぶ人生の法則

一．はじめに

これからお伝えすることは、仏教をベースにしています。宗教の話のように聞こえるかもしれませんが、「宗教はイヤ」と頭から決めつけると、バリアを張ってしまうことになり、「心ここにあらざれば視れども見えず」の状態になってしまいます。

そこで、まず、宗教の意味を明らかにしておきたいと思います。「宗教」と聞くと、仏教やキリスト教等を思い浮かべ、もしくは、新興宗教等の少し強引すぎる勧誘を思い浮かべるかもしれません。そこには、一定の教義や儀式があり、それを厳格に行い、礼拝と祈りを捧げることだとイメージしているかもしれません。また、強引すぎる勧誘をイメージすると「面倒くさい、かかわらないほうがいい」と思うかもしれません。

特に新興宗教は、教祖を神またはそれに準ずるものとして拝むことが要請される場合もあります。宗教法人法でも、法人格取得の要件のひとつが「礼拝施設を持つ」ことですから、誤解をしてもやむを得ないかもしれません。しかし、ここで言えることは、教祖を神格化したらそれは宗教ではないということです。宗教の真の意味は、読んで字のごとし。宗教の「宗」の「うかんむり」は「宇宙」を意味し、それを示す教えこそが宗教なのです。

「宇宙の教え」といってもピンと来ないかもしれません。それを代表的な経済人である松下幸之助氏は「大自然の理法」と言い、稲盛和夫氏は「宇宙の法則」と言っています。

私は、仏教等の大本《おおもと》はどのようなことが説かれていたかに興味があり、若いころから独学で原始仏典等を読み始めました。すると、そこに書いてあるのは、「我を拝め」ではなく、「人間として当たり前のこと」なのについ怠ってしまうことであり、それを克服し自己を修めることであったのです。

二．人生の目的、人生の意味

まず、人生の目的や意味を考えていきましょう。多くの人は、日々生きながらえているだけで、この目的や意味を理解しようとは考えません。しかし、充実した人生を送るためには、これを根本におかないといけない。

完璧な人間はいない、といわれます。完璧であれば、人間、修行する意味がありません。そこで、まずは、「完璧ではない自分」を前提に置きましょう。完璧ではないとは、なんらかの克服すべき課題を持っている、ということです。そして、その課題を解決することでいっそうの成長が図れると考えます。すなわち、人生の目的のひとつは精神的な「成長」です。

そして、人生のもうひとつの目的が「貢献」です。人間は、顔が違うように個性を持っています。貢献とは人それぞれ強み・弱みを持ち、その強みを生かしながら、周りにお役立ちをさせていただくことをいいます。そして、これはある意味使命であり、この目的に気づいた人は、万難を排してでもやり遂げようとするようです。

このように、成長と貢献が人生の二大目的であるなら、自分に降りかかった困難・苦難は自分を磨く砥石であり、ありがたいと思えるのではないでしょうか。

三．苦とは――四苦八苦

一般的には、人生を歩むうえでさまざまな困難や苦が押し寄せてくる場合、「できれば、苦はないほうがいい、あったとしても楽に乗り越えられればいい」と考えているのではないでしょうか。人によってはその苦から逃げようとしますが、逃れるすべはないのです。逆に逃げれば逃げるほど追いかけてくるのが苦なのです。多くの人は、「苦」の意味もわからず、またわかろうとせず苦に対峙します。そして、逃げるかあきらめるかでその場をしのいでいることが多いのです。だから、その苦が消滅したように見えても、なんらかの条件によって形を変えてまた出現し、心配の種が増えるのです。

そもそも、仏教において、「苦」とは「思い通りにならないこと」を意味し、それを次のように類型化しています。それが、「四苦八苦」といわれるものです。

まず、四苦は人間として生まれてきた以上避けて通れない固有の苦しみであり、生・老・病・死の四つのことをいいます。この苦界に生まれてこなければ苦を経験することはありません。生まれてくることが苦しみとはわかりづらい表現ですが、後述するように仏教には「六道輪廻《ろくどうりんね》」の思想があり、そもそも悟った場合はこの世に生を享《う》けることはないのですから、六道に生まれいずること自体を苦ととらえているのです。

人間誰しも老いていきます。老いてくれば病にもかかりやすくなります。そして、いずれは死に至ります。生まれてきたら、人間である限り、この老・病・死から逃れることはできません。このように思い通りにならないのが人生です。今という時間が止まり、永遠に続いてほしくても、時は日々刻々変化し続けています。これが無常です。

これらに、愛別離苦《あいべつりく》、怨憎会苦《おんぞうえく》、求不得苦《ぐふとくく》、五蘊盛苦《ごうんじょうく》の四つを加えたものを「八苦」とよんでいます。

人間個人の命は永遠ではなく、誰もがいずれ死んでいきます。愛する人と永遠にと思ってもいつかは別れが訪れます。これが、愛する人と別れる苦しみといわれる、「愛別離苦」です。また、社会生活を営む以上、さまざまな人々と関係をもつことになります。しかし、出会う人すべてが自分と気の合う人ばかりとは限りません。これが「怨憎会苦」です。

そして、人間は誰もが夢を持っています。欲しいものもあります。しかし、誰もが思い通りに手に入れられるとは限りません。それが手に入らないとわかった時、それは苦しみとなります。これが「求不得苦」です。最後の「五蘊盛苦」は、一五八ページで詳述する人間の感覚器官に基づく認識作用によって、あるいはその認識作用がぶれていることによって起きる苦しみであり、感覚器官そのものが苦であると言っているわけではないことに注意が必要です。

このように、四苦は自己固有の苦であるのに対し、八苦で加わる四つは、他者とのかかわりなどから生じるものです。

愛する人と別れるのも苦。いやな人と出会う、かかわりあうのも苦。これがほしいあれがほしいといっても得られるものはごくわずか。これらも思い通りにならないことが苦だと理解できるでしょう。

そもそも人間は、自分の意志で自分の心臓を止めたり動かしたりできるかといったら、できないでしょう。このように思い通りにならないのが現実です。

ではなぜ、これらの苦しみから逃れられないのでしょうか。

その前に、まず、人間は外界のできごと等をどのように認識しているのかを理解する必要があります。

四．人間の認識作用

人間が外界からのできごと（情報）をどのようにとらえているかを「認識作用」といいます。人間は外界からの情報を、まずは「眼」「耳」「鼻」「舌」「身」という感覚器官でキャッチします。これに「意識」を加えて、仏教では「眼（げん）・耳（に）・鼻（び）・舌（ぜつ）・身（しん）・意（い）」といっています。

眼で形や色や大きさなどを、耳で音を、鼻でにおいを、舌で味を、身で感覚を感じています。しかし、人間の認識器官は、外界からの情報をそのまま受け入れるわけではありません。それを自分の中にある過去の情報と照らして、例えば、「この信号は青だ」と判断しているわけです。このため、同じものを見ているようで、一人ひとりの解釈は異なる、と考えられるのです。よく、意見が食い違うことがありますが、これは同じものを見ているようで、全く違った解釈になることがあり、その結果、それぞれが「正しい」と思い込むことから生じます。私は、この判断基準を「心の傾向性」といっています。このフィルターが一人ひとり違っていることから、このようなことが起きるのです。

だから、自分と違うからといって、人を頭から否定はできないのです。よく、「自分は正しくて他人は間違っている」と他人を非難する人がいますが、このように一人ひとり心の傾向性が異なることを前提に、「違っていることが当たり前、その差異を少なくするよう歩み寄ろう」と考えれば、腹も立たなくなります。

しかし、人によっては、斜に構え、何ごとも偏光フィルターを使って見ているような人もいます。それでは、素直に正しく認識することはできません。これがブレていることで、本当は間違った情報を正しいととらえてしまうのです。実はこれが一番気をつけなければならないことです。これを正しいと思い込むと、それを他人が変えることは容易ではありません。正しい認識をするために仏教では「六根清浄（ろっこんしょうじょう）」を説いています。六根とは、眼・耳・鼻・舌・身・意のことであり、これらを清浄に保つことが重要だということです。「清浄」とは煩悩や私欲から遠ざかり、清らかで汚れがない境地を意味します。それでは、これらを清浄に保つためにどうすればいいのでしょうか。清浄に保たれている状態、それが解脱ですが、その前にまず、「六道輪廻」を簡単に説明しましょう。

五．六道輪廻

六道《ろくどう》とは、仏教において、衆生《しゅじょう》がその業の結果として輪廻転生する六種の世界（あるいは境涯）のことをいい、天、人間、修羅、畜生、餓鬼、地獄からなります。

「天道」……天人が住む世界。天人は人間よりも優れた存在とされ、寿命は非常に長く、また苦しみも人間道に比べてほとんどないとされます。ただ、完全に煩悩から解き放たれておらず、仏教に出会うこともないため解脱もできない世界です。

「人間道」……人間道は人間が住む世界。四苦八苦に悩まされる苦しみの大きい世界です、苦しみが続くばかりではなく楽しみもあるとされます。また、唯一自力で仏教に出会える世界であり、解脱し仏になりうるという救いもあります。

「修羅道」……修羅道は阿修羅の住む世界。修羅は終始戦い、争うとされます。苦しみや怒りが絶えないが地獄のような場所ではなく、苦しみは自らに帰結するところが大きい世界です。

「畜生道」……畜生道は牛馬など畜生の世界。ほとんど本能ばかりで生きており、使役されるがままという点からは自力で仏の教えを得ることのできない状態で、救いの少ない世界とされます。他から畜養されるもの、すなわち畜生といわれます。

「餓鬼道」……餓鬼道は餓鬼の世界。餓鬼は腹が膨れた姿の鬼で、食べ物を口に入れようとすると火となってしまい、飢えと渇きに悩まされ続けます。他人を慮らなかったために餓鬼になった例があります。

「地獄道」……地獄道は罪を償わせるための世界。

実は、この世に生を享けた人間は全てが人間道（人間界）にいるというわけではありません。人によっては、畜生道の人もいれば餓鬼道に落ちている人もいます。ただし、これらは、誰かに命じられてその世界に赴くのではなく、自分で決定し、自分の心の傾向性のままに赴いているのが実情なのです。閻魔大王が判決するわけではないのです。日本の諺に「類は友を呼ぶ」というのがありますが、これは、良き縁を得たい場合は、まず自らを変えることが重要であることを示唆しています。

六．解脱《げだつ》→四諦八正道《したいはっしょうどう》

それでは、六根を清浄に保ち、自由の境地に到達するために、仏教はどうすべきと説いているのでしょうか。これが「解脱」であり、解脱とは、煩悩に縛られている状態から解放され、迷いの世界、輪廻などの苦を脱して自由の境地に到達することをいいます。この解脱のための基本的な思考・方法論が「四諦八正道」といわれるものです。

まず、四諦とは、四つの真理を意味します。「苦集滅道」です。これをひと言でいえば、苦しみの原因を追究し、原因そのものを滅することで、正しい道に入る、ということです。

ただし、ここで注意しなければいけないのは、「滅」を「なくす」と単純に解釈してはならない点です。確かに「滅」には「滅する」という意味もありますが、単純になくすだけでなく、場合によっては受け入れて解釈を変えるということも大切なのです。見方を変えることによって全く異なった様相が見えることがあります。この点、関大徹師は『食えなんだら食うな』（ごま書房新社）で次のように説いています。

> 仏教は「転禍招福」の教えである。禍いを除いて、ではなく、転じてというところが、いかにも面白い。禍いは、一度降りかかったら免れ得ぬものとすれば、その禍いを禍いのままに、そのまま、幸福にひっくり返そうというのが仏教の基本的な味わいである。
> （七一ページ）

人間は、苦そのものに恐れを抱き、忌避します。しかし、苦とは「自分の思い通りにならないこと」であり、自己の認識作用から生じた幻である、自己が作り出した幻影であるとすれば、苦しみの原因は苦しみそのものではなく、認識作用によっていることが理解できます。つまり、その原因は認識作用にあり、その認識作用を正すことが、苦の源を滅することになると説いているのです。

これは重要なポイントで、企業経営での経営改善も、経営者によっては赤字や資金不足を嘆くだけで、その根本原因を突き止めようとしません。突き止めたとしてもそれを改善しようとしないのです。だからいつになっても改善できないままなのです。また、改善によって一時的ではあるが窮地を脱したとしても、気を緩めず「本物の経営」（これを仏教では道諦といいます）を理解し実践していかなければならないのです。

「四諦」……苦（諦）→集（諦）→滅（諦）→道（諦）

この四つめの大いなる「道」としての八つの実践徳目、涅槃に至る方法が「八正道」といわれるもので、正見《しょうけん》、正思《しょうし》、正語《しょうご》、正業《しょうごう》、正命《しょうみょう》、正精進《しょうしょうじん》、正念《しょうねん》、正定《しょうじょう》の八つです。これらを簡単に説明すると次の通りです。

「正見」とは、仏道修行によって得られる仏の智慧であり、四諦の真理などを正しく知ることです。

人生においても企業経営においても、判断基準となる指針、正しい指針を持ちつつ日々を送る場合とそうでない場合とでは、その結果は大きく異なります。では、正しく見るために何が必要なのでしょうか。それが、後述する「正定」と「正念」です。

「正思」（または正思惟《しょうしゆい》）とは、正しく考え判断することであり、出離（欲を離れること）を思惟し、無瞋（いからないこと）を思惟し、無害（害をなさないこと）を思惟することです。

これは、「何が正しいのか」をきちんと理解することが前提です。だから古典などを学び、自分の中にぶれない判断基準を確立することが重要です。

「正語」とは、妄語《もうご》を離れ、綺語《きご》を離れ、両舌《りょうぜつ》を離れ、悪口《あっく》を離れることです。

・嘘をつかず
・無駄話をせず
・人によって違ったことを言って仲たがいさせるような行為はせず
・悪口や粗暴な言葉を使わない

ということです。

これはともすると、人間関係を円滑に保つための道徳のようにも見えます。確かにこのような道徳を保持し、実践している人が増えれば世の中はよくなっていきます。しかし、自分の発する言葉は自分の潜在意識にも落とし込まれ、それがいずれは突然に現実化することを考えると、この「正語」は自分を正すためにこそ重要な道だといえます。諺でも「人を呪わば穴二つ」とあるように、相手を呪っているようで、その意識は自分（の潜在意識）にも到達してしまうのです。自分をごまかすことはできないのです。

また、仏教でも、「錆は身から出でて鉄を腐らし、愚痴は口より出でてその身を腐らす」という言葉があります。悪しき言葉は、その身すら破っていくのです。

「正業」とは、殺生を離れ、盗みを離れ、社会道徳に反する性的行為から離れることをいいます。

本来は自由には責任が伴うのですが、特に近年は教育の影響からか、自由のみを強調する風潮があります。しかし、よくよく考えてみれば「責任のない自由」は単なるわがままにほかなりません。何をやってもよいのではなく、その行為が人類の進歩と調和に一致するものでありたいものです。

正語と正業の二つは正思惟されたものの実践徳目として位置づけられます。つまり、正しい考え（正思）を前提として、その実践行為として、正しい言葉（正語）と行い（正業）をせよということです。

「正命」とは、道徳に反する職業や仕事はせず、正当ななりわいを持って生活を営むことをいいます。

現在は、コンプライアンスの重要性が問われていますが、法律に違反しなければよいのではなく、それを超えた道徳律に従うことが重要なのです。「法律に書いていないから」といってその抜け穴を探すようでは、法律は複雑化し、膨大になってしまいます。昔は、法律に書かれていないことは思考して判断していました。現在のように法律が複雑・膨大化するとかえって、思考や判断ができない人を育てているのではないかと危惧しています。「法三章」という言葉もありますが、法律はシンプルに、書かれていないときは「何が正しいのか」を考えるくせをつけたいものです。

「正精進」とは、四正勤《ししょうごん》、すなわち「すでに起こった不善を断ずる」「未来に起こる不善を起こらないようにする」「過去に生じた善の増長」「いまだ生じていない善を生じさせる」という四つの実践について努力することです。

善が生ずる行為をし、それが生じたら大きくしていく。不善は起こらないようにし、もし起こってしまったらそれを断ずる（なくしていく）努力をするということです。『易経』文言伝にも「積善の家には必ず余慶《よけい》あり、積不善の家には必ず余殃《よおう》有り」という言葉が残されています。善を積み重ねればよいことがあり、不善を積み重ねていけば悪いことがあるという意味です。

「正念」とは、四念処《しねんじょ》（身、受、心、法）に注意を向けて、常に今現在の内外の状況に気づいた状態（マインドフルネス）でいることをいいます。なお、「念」は分解すれば「今」の「心」です。人間の意識は時空を超えて、過去にも未来にも、別の場所にも行けます。しかし、「今ここ」が重要だとこの正念は教えてくれています。

「正定」、これは、正しい集中力（サマーディ）を完成することです。子どものころに虫眼鏡で紙を燃やす実験をやったと思います。この実験ではピントが外れていると決して燃えません。このように、多くの人々は小学生の時に人生においても重要なヒントを学んでいたはずですが、忘れてしまっています。一点に集中することで、大きな力を発揮していくのです。また、この「正定」と「正念」によって初めて、「正見」が得られるとされています。

これらを、企業経営に当てはめると次のようになるでしょう。

自分中心に考えず、世のため人のために活動することを常に念じ、全体と個の関係を正しく見つめ、自社にしかない価値を創造し、提供しようとする姿勢を持つ（正念・正定）。常に社会にとっての正しさを追求し、発信し、社会に有用な価値を創造する（正見・正思・正語・正業・正命）。

悪しきことは常に反省し、改善・改良に務め、今以上に世のため人のためになることはないかと怠らず、因果の法則を理解し、悪しき種を蒔かず、善の種を蒔こうと努力する（正精進）。

七．心の三毒——あなたの心を曇らせる原因

それでは、なぜ人間の認識器官が曇ってしまうのでしょうか。仏教では心を曇らす原因として、「心の三毒」を説いています。これは、仏教において克服すべきものとされる最も根本的な三つの煩悩、すなわち「貪《とん》・瞋《じん》・癡《ち》」を指します。

「貪」とは、必要以上にむさぼり求める心をいいます。

むさぼりの心は「餓鬼」の心であり、本来求めるべき真理が見えません。常に目に見える、金や財産や地位などを求めます。本人は、これを手に入れれば幸せと感じると考え「幸せのようなもの」を求め続けます。しかも、その欲望は際限がありません。「もっともっと」となってしまうのです。しかも、その渇きはいつまでたっても消えません。

「瞋」とは怒りの心をいいます。

怒りの心は「修羅」の心であり、真理は見えません。明鏡止水の境地でなければ真理は見えないのです。怒った状態では正常な判断はできません。

「癡」とは真理に対する無知の心をいいます。

無知の心は「地獄」の心であり、何が正しいのかがわからないまま、誤っていることが正しいと錯覚している状態です。このような状態で、真理を説かれても、気づこうとせず、ましてや受け入れようとしません。

現代の社会ではさまざまな情報が飛び交っています。その情報の洪水に流されて自分を見失っている人も多いようです。

『ダンマパダ』にも「自分は愚か者であると自覚する人はすなわち賢者であり、自分は賢者であるとうぬぼれる人はまさしく愚か者である」（今枝由郎訳『日常語訳ダンマパダ』、三六ページ）という言葉があります。

以上のように、仏教は自己を修め確立することで、人間としての完成を目指していきます。

このような態度と行動を示す人が増えることで、個々人の人生も充実するだけでなく社会もよりよくなっていくのではないでしょうか。とかく、社会を変革するためには制度等が重要だといわれていますが、まずは、自らを修めていきたいものです。

第二章　生きることは学ぶこと　学ぶことは生きること

一．はじめに
――人生は正直。自分が想い、行動したことだけが結果としてあらわれる

六十数年生きてきて、人生は正直だなとつくづく思います。結局は「自分が想い、行動したことだけが結果としてあらわれる」、とは真理だと実感しています。人生も老境に差しかかると、日々幸福感に満ち溢れた人生を送っている人もいれば、全く逆で、苦悩に満ちた表情

をしている人もいます。反省は必要ですが、後悔は無駄です。その後悔が多くの苦悩をつくりだしています。それを環境のせいにすることはたやすいことですが、環境だけが人生をつくっていくのでしょうか。もしそうであれば、同じ境遇や環境であれば、全く同じ人生を送ってしかるべきですが、そうではありません。

その差はなんでしょうか。人生に意味を見出し、その使命を全うするために、日々研鑽し、日々社会に働きかけ、時には失敗があるものの、それを糧として何度も挑戦し続ける心がけと姿勢があるかないかだけの差なのではないでしょうか。

人間は生まれる時に一通の封書を持って生まれてくるといわれています。それは自分の人生のシナリオであり、決意であり、使命でもあります。しかし多くの人々は、それを開こうとせず、封書の存在すら忘れてしまっています。誰しも、生まれた時には真っ白なキャンバスを与えられ、自由に描くことができるのです。そしてそれは、思索と行動によって「描画」されていくのです。

個々の人間にとっての努力と工夫は、一日だけでは大きな差異には見えません。しかしそれが十年、二十年と時を重ねることで大きく差がつき、やがて埋めようがないほどになってしまうのです。もちろん、人によっては、人生の中途で大きな人格の転換を成し遂げ、人一倍の努力を続けて大成する人もいます。しかし、若い時に、日々自堕落な生活を送り続ける悪しき習慣をつけるのか、そもそも少しでも自己を高める習慣を持つのかは、実に自己の決意と実行力にかかっているのです。

本章は、若者たちの「どう生きればいいのか」という問いに、なんらかのヒントが与えられないかとの想いでしたためることにいたしました。

二．原理原則に気づく

『論語』季子第十六　九に次のような言葉があります。

孔子曰く、生まれながらにしてこれを知る者は、上《じょう》なり。学びてこれを知る者は、次ぎなり。困《くるし》みてこれを学ぶものは、又其の次ぎなり。困みて学ばざる、民　斯《こ》れを下《げ》と為す。（『論語　増補版全訳注』加地伸行著、講談社学術文庫、三八四ページ。以下読み下し文は同書による）

これは、「生まれながらにして人生の意味・原理原則を知る者は素晴らしい。学んでこれを知る者はその次だ。苦しみの中から学び取る者はその次だ。苦しみの中から反省せず、（人や社会のせいにしてばかりいて）学ぼうとしないのはダメだ」という意味です。

仏教にも「上根《じょうこん》」「中根《ちゅうこん》」「下根《げこん》」という言葉があります。上根とは、お釈迦様の説法を聞いてすぐに悟る人のことで、生まれ変わる前の過去世で何度もお釈迦様と出会い感化されていた人です。中根とは、「お釈迦様のお話はいい話だった」と思いながらも、すぐには悟らず、ある時、なんらかのきっかけで、「ああ、あの時のお釈迦様のお話はこれだったのか！」と気づく人です。これらに対し、下根とは、お釈迦様の教えを受け入れる素地のない人です。

このように儒教も仏教も同時代に中国とインドで生まれており、表現は異なりますが、ほぼ同様の内容が遺されています。つまり、人間は、地域等が異なってもその本質は変わらないということを意味し「普遍の真理」といえるでしょう。

企業経営において、破綻の危機に際しても自己を変えようとせず、そのまま倒産に至る会社があります。会社は、社長の自己を変えることからしか、変わらないのです。経営者を観れば、その十年後も観えてきます。
・社長が日々何に関心を持っているのか、理想はどこにあるのか

・社長が日々努力していることは何なのか

この二つを観ることでその会社の行く末は大まかにわかります。自分の財産や地位を護るために汲々とし、これといった努力をし続けていないようであれば、未来はありません。経営コンサルタントの一倉定氏の言葉をお借りすると「よい会社悪い会社があるわけではなく、よい社長と悪い社長がいるだけ」。まさにその通りだと思います。

先の儒教に話を戻せば、『論語』では、何かを学び・体得・実践することは人生を歩むうえで重要なのだと説いています。それを仮に「人生の原理原則」と呼ぶとしたら、残念なことに現在の教育体系ではこのような「原理原則」を教えることをせず、国語や数学・英語などの技術的なもののみを「教育」としているようです。その結果、「人生の原理原則」を知らぬまま大人になり、根無し草のような人生を送っている人を、世に大量に送り出しているように思えてなりません。

三．生きることは学ぶこと　学ぶことは生きること

私は人生の目的を、成長と貢献ととらえています。そして、それが全うされている状態を幸福と定義づけています。成長とは、生まれてから死ぬまでに、精神的な充実ができたかを意味します。人間はなんらかの課題を持ってその世に生を享《う》けると私は考えています。充実するとは、その課題を解決していく過程にほかなりません。また、貢献とは、成長の結果できるようになるものではなく、成長しつつ、日々の実践の過程で、世のため人のために生きることであると言ってよいでしょう。

そもそも人間には、素晴らしい力が備わっています。そこにいる・存在するだけで人を癒し、励ましていく力があるのです。例えば、毎日の仕事に疲れて帰ってきた時に、赤ちゃんの笑顔で癒されることがあります。赤ちゃんは、存在するだけで人を癒し、励ましているの

です。ところが残念なことに、成長の過程で、環境や教育によって「比較」することを学習してしまい、他と比較して「劣っている」「つまらない存在である」と自己規定してしまう人が多い。そして、自分に偉大な力があることすら忘れて、人生を送るようになってしまう人が多いのです。この自分で自分を縛ってしまう「自己を規定する」という束縛を、自ら解き放つことが重要なのですが、残念なことに、それは外的な力では解き放てない。これは、自らが誤った自己規定をしていることに気づき、本当の自分を取り戻すことでしか解決しない。しかし、それができれば心が自由になり、仏教でいう「仏」となれるのです。仏とは「解く」からきているといわれていますが、まさにこれは、自分で自分を縛るものからの解放を意味するのです。

では、そのために何が必要なのでしょうか。それは「人生の目的」を理解することにつきます。

（一）「三学戒」

幕末の大儒者といわれ、その塾からは佐久間象山や山田方谷といった幕末を代表する偉人を多数輩出した佐藤一斎《いっさい》は、『言志四録《げんししろく》』をのこし、その中の『言志晩録《げんしばんろく》』第六〇条には有名な「三学戒」があります。

少にして学べば、則ち壮にして為すことあり。
壮にして学べば、則ち老いて衰えず。
老いて学べば、則ち死して朽ちず。（『座右版 言志四録』佐藤一斎著、久須本文雄全訳注、講談社、四九五ページ）

これは文字通り、若い時に学べば、壮年になって世の中に貢献できる。壮年の時に学べば、老いても衰えない。老年の時に学べば、死んでも朽ちない。――ということです。

わが国でも学歴至上主義がいわれた時代がありました。若い時に有名大学を出ていさえすれば、人生はある程度約束されていました。しかし、三学戒では「一生学び続けよ」、と言っているのです。また、この学ぶ内容は単なる教科ではなく「人生の原理原則」であることに注意しなければならないでしょう。

佐藤一斎は「陽朱陰王《ようしゅいんおう》」といわれていました。幕府の昌平黌では「朱子学」が正当な学問だったのでそれを教えました。これに対して、夜の私塾では「陽明学」を講じ、しかも生き生きとしていたといわれています。その弟子のひとりである山田方谷は、のちに備中松山藩の財政再建に力を振るい、わずか七年で二百万両あった藩の借金を返済するばかりか、二百万両の余剰金を積み上げるという財政改革を成し遂げています。財政改革は上杉鷹山が有名ですが、鷹山の改革は実に五十年以上かかっています。この意味で、一番の改革者は方谷と言えるでしょう。

そして、その方法は、単なる経費の削減だけでなく、新規商品の開発、販売方法の革新などを組み合わせ、常に藩民の幸福を念じた改革を断行します。その中には、公共事業の実施などもあります。これはケインズに先駆けた経済政策です。

方谷は当時、経済学を学んだのでしょうか。いえ、当時は経済学という学問はありませんでした。学んだのは、「人生の原理原則」である陽明学等の人間学だけでした。そして、その根本の学問をベースとし、教育や経済・財政政策を組み立てていったのでした。この一点からも、根本を学ぶことの重要性が理解できるでしょう。

現在、学問は細分化され、「〇〇学」を学ぶこと、しかも枝葉末節や技術的な事柄のみを追究することが、その領域に精通することといわれています。しかし、思うにどのような学問も「人を幸せにする」ためにあり、その方法が違うだけなのです。各学問領域が、本当の目的を明確化せず、枝葉末節にこだわっていては、何のための学問かわかりません。

学問はなぜ行うのか。現代の人々は、「安定的な職を求めたい」とか「よりお金がほしい」と答える人が多いようです。そうしたことから考えるに、今の学問はまさに自分のために行っていることが多いのです。これに対して古人《いにしえびと》は、自己を高め、社会に貢献するために学問をしたのです。この違いは大きい。

（二）『論語』に学ぶ実践の重要性と学問の方法

『論語』学而編の冒頭には、次のような有名な言葉があります。

子曰く、学びて時《つね》に之を習《なら》う、亦説《またよろこ》ばしからずや。朋《とも》遠方より来たる有り。亦楽しからずや。人知らずして慍《いか》らず、亦君子ならずや。（前掲書一七ページ）

この「学びて時に之を習う、亦説ばしからずや」は実に多くのことを語っています。それは実践することが重要だということです。「学びて時に之を習う」は、そのまま読めば、「単に本や師から学ぶだけでなく、実践する」ということでしょうが、私はこれをさらに進めて「単に本や師の言葉で学んだだけでは不十分だよ。それをしばしば実行に移し、創意工夫をしながらできるようにすべきだよ」と解釈するのが正しいと思います。「頭でっかち」という言葉がありますが、単に知っただけではそれは学んだことにはならないのです。できるようになって初めて「学んだ」と言えるのです。例えば、料理でも、温度や湿度等の外部の環境によって、レシピ通り進めても全く味が異なるといわれています。当初はマニュアルに従うのもよいでしょうが、創意工夫を重ねつつ、自分のものにしていかなければなりません。だから、次の「説ばしからずや」となるのではないでしょうか。「説」とは「悦」、すなわち「よろこび」です。よろこびには「喜」という言葉もあります。悦と喜は、同じよろこびであっても意味するところは大きく異なります。前者は精神的・長期的なよろこびを意味するのに対し、後者は肉体的・短期的なよろこびを意味しています。すなわち、学んだものを創意工夫し実践し続けることで、できる自分を実感できる、こんなうれしいよろこびはないということです。

仏教最古の経典のひとつといわれる『ダンマパダ』には、「実践すれば、叡智が生まれ実践しなければ叡智は消える」（今枝由郎訳『日常語訳ダンマパダ――ブッダの〈真理の言葉〉』トランスビュー、一二九ページ）との章句があり、仏教においても実践の重要性が強調されています。これは、知識と行動が結びついてこそ、知識が知恵に転化することをあらわしています。

また、そのすぐ前には、若人を念頭に、

努力すべき時に努力せず
若くして活力ある時に怠け
意志弱く、思考せず、怠惰な人は
叡智によって道を見出すことがない。（一二九ページ）

という言葉もあります。若い人ほど、この言葉は噛みしめてみるべきでしょう。

試験勉強ひとつとっても、合格するための心構えと行動とは大きく異なるのです。私自身、学生時代には一日十二時間の勉強を自らに課し、公認会計士試験に合格するまでは世に言われている楽しみとは隔絶した日々を過ごしました。凡人が天才に伍するためには、ある一定期間は選択と集中の生活を送らなければなりません。一般の人と同じように過ごしていては、合格はおぼつかないのです。

私は意思薄弱でしたので、一度決めたことを続けることはなかなかできませんでした。すぐにペースが乱れ、勉強ができない日もありました。三日坊主の自分を責めたこともありました。しかし、三日坊主もまた続ければよい、と達観したことで道は開けていきました。今でも勉強が苦にならないのは、この時の習慣があるからだと思います。
また、練習で失敗すると「これは練習だから」という人がいますが、そのような人が本番で実力を出せたためしはありません。常々、日々瞬間瞬間を全力投球しない人に、本番での女神の微笑みはないのです。

では、学問の方法について、『論語』はどのように示しているのでしょうか。為政第二編では、

子曰く、学びて思わざれば則ち罔《くら》し、思いて学ばざれば則ち殆《あやう》し。（前掲書四五ページ）

という言葉があります。これは、本や人から学んだだけで、自分で思索しなければ、本当に理解したことにはならないよ、逆に自分で思索するばかりで、他者から学ばなければ、独善的になってしまい危険だよ、ということです。

私は公認会計士の試験合格は当時全国最年少でしたから、不遜にも「もう会計学は学ぶことはない」と思ってしまいましたし、口にも出しました。今思えば恥ずかしい限りです。会計学ひとつとっても、今でも学ぶべきものは数多くあります。わかったふり、これでよしの態度は良くありません。それは、それ以上成長しないことを意味するからです。自分のコップに少ししか水が入っていないにもかかわらず、満杯に入っていると錯覚したり、あるいは言い聞かせたりしていれば、新しい水は入ってこないのです。

また、思索をしなければ薄っぺらな考え方になってしまいます。よって、考える基本を自分の中にモノサシとして持っていることも重要です。そうでなければ、情報に振り回されるだけの人生になってしまいます。現在、ネットには情報が溢れかえっています。それを見て、

「ネットでは、新聞では、テレビではこう言っている」、と言っているだけでは自分という主体を見失ってしまいます。それらの情報を取捨選択するモノサシを持つべきなのです。私はそれが「人間学」だと思います。

最後に、学問の態度について、『論語』雍也第六では、次のように言っています。

子曰く、これを知る者はこれを好む者に如《し》かず。これを好む者は、これを楽しむ者に如かず。（前掲書一三五ページ）

これは、知っているだけの者より、好む者が勝る、好むだけの者より、楽しむ者のほうが勝る、ということであり、楽しめる段階まで習慣化せよということです。私は現在でも年間三〇〇冊程度の本は読んでいます。これができるのも若い時から習慣化できたからだと思います。義務感だけでは長続きしません。大切なことはその先に、「何のために学ぶか」という目的を念頭に置き、その目的に近づくために実行するという姿勢なのです。

四．時務学と本務学

それでは、我々は人生の正道を歩むために、どのような学問を学ぶべきなのでしょうか。『論語』為政第二には次の言葉があります。

君子《くんし》は器《うつわ》ならず。（前掲書四三ページ）

これは、君子はどのように生きるべきかを明示しています。君子をリーダーと読み替えてもよいでしょう。また、君子に対して、才人というのもあります。才人は、才能が高いが人徳は君子には及ばない人を意味します。現在の学問は、手に職や資格を持っていると就職に有利だからとして、多くの才人をつくりだしています。しかし、才人は、ある分野ではその才能を発揮するが、それ以外の分野ではそうではありません。

つまり、器なのです。ご飯茶碗にはご飯茶碗の役割があり、湯飲み茶碗には湯飲み茶碗の役割があるように、「器」とは固有の役立ちを持っています。このため、このような才人も世の中には必要なのです。これに対して、君子はゼネラリストとして、そのような器を巧みに配置・活用して、それ以上の価値を発揮させることが求められています。すなわち、器を使いこなすのが君子の役割なのです。

学問には、時務学と本務学とがあります。前者は「時を務《つと》める」学問であり、後者は「本を務《つと》める」学問です。字の通り、前者は、その時の「時の課題」の解決のための学問です。たとえば、ＩＴや会計などもこれに入るでしょう。技術を身につける学問です。確かに現代の社会を生きていくためには必要なものですし、その知識があるに越したことはありません。しかし、この時務学だけを修めればよいのでしょうか。

昔は、手に職をつければ一生安泰といわれたものでした。しかし、現在は、人生の長寿化と職業の短命化のためにいやおうなく、多くの人は一生の間に二つ以上の仕事を持たなくてはならない時代に突入していると思います。

　また、時代とともにその主役も変わってきます。たとえば、戦後間もないころは優秀な学生は石炭産業に就職しました。しかし、その後のエネルギー革命で石油にその地位を譲ると斜陽産業化していきます。その少し後、私の学生時代には、流通業に就職する場合は、優秀な学生ほど百貨店を選びました。それがわずか四、五十年前の現実でした。しかし現在では、その主役はスーパー、コンビニ、ネット販売へと変わってきています。

　そして、仕事の方法も手書きからＩＴの活用が当たり前になり、私の職業である「会計」の仕事の内容も、財務諸表を作成することより、それを読み解き経営に役立てるという方向に変わってきています。

　一方で変わらないのが学校教育です。たとえば、商業高校ではいまだに簿記検定等の合格を競っています。しかし、現在の簿記検定は、帳簿や財務諸表をつくることの力量を試すものであり、情報を活用する力量を試すものにはなっていないのです。

　もうひとつ、学校教育の問題は、「問題を与え、早く、正確に解答させる」ことが目的になっている点です。現在のように社会が加速度的に変化している場合は、解答するより、「何が問題・課題なのか」を発見できる力量こそが問われていると思います。しかし、長年続いた文科行政を変えるのは、一筋縄ではいきません。このため、問題発見能力を学べる団体等が民間から草の根的に発生していくことが望まれるのです。

このように時務学は、樹木にたとえれば、枝であり、葉です。いくらこれらが繁っていても、本となる根が腐っていては、いずれその樹木も枯れてしまいます。この意味で、本務学も時務学同様、いやそれ以上に力を入れて学ぶべきものなのです。なぜなら、そこには、人間の生きる目的や意味がぎっしりと詰まっているからです。

五．人生を輝かせるために

たった一度の自分の人生を輝かしいものとするのか、全く無駄に使うかを決めるのは自分自身です。人間には自由意志があり、自分が決めたことは万難を排してでもやり遂げるという性質があるものの、人から言われた場合には、心の底から本気にはなれないものです。

(一) 三種類の人がいる

いい悪いは別として、私は、人間には三種類あると思っています。それが、自燃性人間・他燃性人間・不燃性人間です。つまり、

・自分から燃え、周りも照らし、温める人
・自ら燃える人の火によって光る、あるいは燃える人

・燃えない人

以上の三種類です。人それぞれ価値観も異なりますので、どれかを押しつける気はありません。しかし、せっかくの人生、自ら燃える自燃性人間になるほうが充実しているのではないかと思います。あなたがどれを選ぶかなのです。

(二) 自己を信頼する

「自信がない」と言う人がいます。自信がないから一歩を踏み出せないと言います。しかし、それは自信がないのではなく勇気がないのではないでしょうか。人によっては先々を過度に不安視し、どうせ失敗するからといって一歩を踏み出さない人が多いように思います。「勇気ある一歩」を始めなければ現実は何も変わりません。失敗してもいいじゃないですか。要はその失敗から素直に学べばそれが糧となるのです。『ダンマパダ』にも、

みずから自己を励まし

みずから自己を省察せよ　（前掲書一七〇ページ）

という言葉があります。よく、「励まされないし、認められないから、やる気が出ない」と言う人もいるようですが、リーダーは誰からも褒められません。だからこそ、この言葉のように、「みずから自己を励まし　みずから自己を省察」することが必要なのです。特にこの「省察」は重要です。これは、「自ら省みて考えること」であり、この省察・反省という行為を習慣化することで、「節づくり」ができます。竹が高く伸びるのは節のおかげです。人生においても節をつくらなければ、気高い人生を送ることはできないでしょう。

このように、人生は自らの力を信じることができるかどうかで、逆境に陥ったとしても、そこからの脱出も早くなってくるのです。よく、「〇〇してくれない（だからできない）」と言う人がいます。でもこのような心がけではいつまでたっても自立はできないでしょう。人間はダイヤモンドの原石のようです。素晴らしい可能性があります。しかし、その原石に気づき、磨き、努力をした人だけが光り輝くことができるのです。これは自然界も人間も法則は一緒です。

「自分の心の中には汲めども尽きない泉があり、それは自らを癒し周りをも癒す」と実感すれば、本当に自己を信頼できるようになるのです。それこそ「自信」というべきものです。

『易経』彖伝《たんでん》に「井《せい》は養ひて窮まらざるなり」（今井宇三郎著『新釈漢文大系63易経 中』明治書院、九八四ページ）という言葉があります。これは、井戸はコンコンと水をたたえ、邑人たちののどを潤す（だからそこに人が集まり、邑＝村ができる）。しかも、それは絶えることがない、ということです。人間もかくありたいものです。「○○がほしい」「○○してほしい」という人の周りに人は集まりますか？　考えてみれば、与える人にこそ、人は集まってくるのです。これが世の中の道理なのです。そして、「自分がやった」と誇ることなく、ただそこに存在し周りを感化していく。かくありたいものです。

六．人生計画と、日々を精一杯生き切ること

「人間は思った通りの人間になる」という言葉に出会ったのは、確か二十八歳のころだったと思います。結構疑り深い私は、それを自分の人生で試そうとし、密かに人生計画を立てました。

・三十歳までに、人前で話せるようになる。
・四十歳までに、本を出す。
・五十歳までに、大学で教える。

このように当時で約三十年の人生計画を立て、その目標を達成するための活動を続けていったのです。

今では年間四十―五十回程度は全国から講演・セミナーの依頼があり、今の私しか知らな

い人は「できる目標」を立てたのだろうと思われるかもしれません。しかし、二十代の私は、赤面症であがり気味、できることなら人前で話したくない人間でした。だから、一番最初に依頼された、東京商工会議所の消費税セミナーは今でも苦い思い出とともに心に残っています。三〇〇名程度の聴衆の中で、足はガクガク、終わった時は汗だくでした。しかも、レジュメを三十枚以上用意し、ほとんどは棒読み状態でした。三十代の前半も同様でしたが、あきらめず続けることで今のスタイルが確立してきたのでした。

また、書籍は、三十代の初めから分担での執筆は行っていました。ある本では、約六十パーセントの原稿は私が書いたのですが、名前が載ったのは、後ろのページだけでした。本当に悔しかったのを覚えています。今では、私の編著や共著も多くなりましたが、いつも出版社にお願いすることは「表紙に執筆者全員の名前を出してほしい」ということだけです。これも三十代の苦い思いを共著者にさせたくないからです。

初めての市販の単著は四十一歳のときでした。実は三十代で三冊分の原稿は仕上げていました。ただ、自費出版の余裕もなく市販で挑戦したいと思ったのです。当然無名の新人にとっては出版社の門は狭く、三つの出版社から断られました。四社目に門をたたいた当時の中経出版が引き受けてくださり、『超かんたん図解　キャッシュフロー経営分析がスラスラできる本』が世に出ることになりました。

私は、書籍出版の際、ふたつの点に注意しています。

・一点目は、売れなくて出版社に迷惑がかからないか

・二点目は、締め切りは必ず守る

ということです。後になって知ったことですが、私の書くジャンル〈ビジネス書〉は二〇〇〇部程度売れれば、出版社には迷惑をかけないということですが、幸運なことに一冊目がすぐに八〇〇〇部完売してしまいました。

二冊目の『やさしい新会計基準のしくみと導入の実務』は当初、別の著者が書く予定でしたが、断られたとのことで、私のところに依頼がありました。それも、締め切り前一か月半くらいの時でした。迷いましたが、引き受けることとし、引き受けたからには責任を全うすべく、毎日五時起きして、仕事前まで原稿書きをし、土日のほとんどを執筆にあて、締め切

りの一週間前に原稿を提出することができました。この本も初版八〇〇〇部は一か月で完売、二〇〇〇部増刷し計一万部になりました。

結局、約束を全うすることで信頼を得ることに尽きると思います。それが、次の依頼へとつながっていくのです。中経出版からはその後、数冊依頼が続きました。

また、外部編集者と仕事をする場合もあり、その編集者とのやり取りの中で、他の出版社からも出すよう依頼され、複数の出版社から出版し、今では分担執筆も含めると五十冊を超えるようになりました。これだけ出していると「(自費出版は)大変ですね」と言われることもありますが、今まで、自費出版は実質一冊(『古典に学ぶ経営の本質』)だけです。

大学での講義は、早いころからチャンスが訪れました。

・聖学院大学　非常勤講師　三年
・獨協大学　非常勤講師　四年
・明治大学大学院グローバルビジネス研究科　兼任講師　六年
・法政大学大学院政策創造研究科　客員教授　五年　現在兼任講師

・千葉商科大学大学院商学研究科　特命教授

と、四十代初めのころから続けています。

特に私の場合、実務家教員でありながら、出版している実績が有利に働いたようです。つまり、講演、出版、大学教員がひとつにつながったのでした。

また、大学教員の経験は、私の人脈と経験を大きく拡大してくれました。これが結果として、今の税理士法人の業務にも役立っています。

七．仕事とは「誰」に仕えることなのか、「何をもって」仕えることなのか

コロナ禍で移動自粛・制限がなされ、急速に在宅勤務等のテレワークが拡大しています。私自身これを経験し、相当の時間短縮ができました。しかし、この在宅勤務は二つの点で課題があるように思います。

一点目は、自分で仕事を組み立て、一定の成果が出せる人でなければ難しいということです。例えばここに、新人がいるとしましょう。右も左もわかりません。仕事の仕方もわかりません。確かに現在では、オンデマンド研修などである程度は可能かもしれませんが、どこまでやれば大丈夫なのかの評価もできません。したがって、いたずらに時間を浪費します。

二点目は、成長を阻害するということです。昔の日本企業は、企業内教育も充実しており、入社後、オンザジョブトレーニングを含めて教育と成長の機会が多くありました。しかし、

在宅勤務によって、個々人の責任において仕事を進めていく場合、近くに上司がいて指導することも難しくなります。このため、成長を阻害しないかと危惧しています。

つまり、在宅勤務は、ドラッカーの言う「セルフマネジメント」ができる人間でないと無理なのではないかと思います。セルフマネジメントとは、自分で仕事を組み立て、一定の成果を出すことですので、オフィスでの勤務以上に、個々人が仕事の意味や方法、期待される成果をきちんと認識していないと機能しないのです。この意味では、通勤するよりよほど厳しい世界と考えなくてはいけないでしょう。会社に行っていれば、仕事をしているという気になります。また、すぐに上司や同僚のサポートが入ります。しかし、在宅での仕事に対する心構えがない場合、数か月では差は出ないでしょうが、数年後にはその差は大きくつくでしょう。また、周りに人がいなければ怠ける人も出てくるでしょう。そうなるとその差はもっと拡大するでしょう。

今後、新しい生活様式の推進としてテレワークの普及拡大も考えられていますが、このような社会では、今まで以上に、個々人の「自立と自律」次第で、社会で活躍できるかどうかが決まってくるでしょう。

では、働く心構えとして、何が必要なのでしょうか。それが、「仕事とは誰に仕えることなのか、何をもって仕えることなのか」なのです。

よく、新人の方に、「給料は誰からもらうのか」と尋ねると、「社長から」と答える人がいます。確かに、形式的には社長でしょう。しかし、ここで、「俺が払ってやっている」と思う社長は失格です。多くの社長は「社会の代理人として払っている」と考えていると思います。

考えてみてください。商品やサービスが売れず、売上が上がらない場合、給料の原資はどこにあるのでしょうか。とすれば、給料を支払うのはお客様です。お客様に商品・サービスを買っていただくことで、その対価として売上高が入金されます。それが給与の原資なのです。しかし、もっと広い視野で考えれば、お客様は社会の一部ですので、社会が給与を支払っていると考えるのが妥当なのです。

もっとも社会は厳しいので、その商品やサービスに有用な価値を認めなければ購入もしませんし、お金も支払いません。会社の仕事は、具体的にはその会社の商品・サービスを通じて社会のお役に立つことです。そして、社会は常に変化・進化していきますので、その時々のニーズも変わってきます。そこで、仕事、具体的には商品・サービスを、変化に合わせてスクラップアンドビルドし続けなければならないのです。商品・サービスを変えるためには、その仕事の内容・方法を変えていかなければなりません。つまり、十年一日のごとく、自らの仕事の内容・方法を変えようとしなければ、社会との約束である有用な価値を提供し続けることはできないのです。

したがって、階層は違えども、会社に勤める人は誰もが、「公」への奉仕という意識を常に持つことが重要であると思います。社会に仕えているという意識を持ち、「〇〇の仕事ができるから大丈夫」と思わず、常に自己を磨き続けることが必要なのです。

また「社会の要求は何か」を的確に察知し、その要求を満たすために、自己を変え、組織を変え、商品・サービスを変えるという不断の革新を続けていく必要があるのです。このことからも、勉強嫌いでは通用しなくなるでしょう。まさに、「生きることは学ぶこと、学ぶことは生きること」なのです。

※本章は某団体での新人研修をもとにしています。

第三章　歴史からコロナ後の会社像をとらえなおす

一．はじめに

「コロナ禍の後、どうなるのか」と聞かれることが多くなりました。

令和二年五月三十一日の日本経済新聞の記事では、東京商工リサーチの予測によれば、今年の休廃業・解散の合計が五万件にのぼるだろうと。

リーマンショック時でも一万八〇〇〇件程度ですので、その三倍くらいになります。しかし、あの時は倒産件数です。倒産とは正式には、負債総額が一〇〇〇万円以上で法的に処理されたものをいいます。そのため、それ以下の場合や廃業、また夜逃げの場合なども入りません。これらを含めたら当時も同じくらいあったのではないかと推測しています。

中小企業経営者の平均年齢が六十七―六十八歳くらいで、このうち三分の二は後継者がいないと答えています。後継者がいなければ、「これは俺の代で終わりでいい」と思ってしまうわけです。そうすると、必然的に廃業が多くなります。そこで問題なのが銀行からの借金です。借金をしている場合、「やめます」と言ったら、銀行側はもちろん「お金を返してください」と言います。その返済ができないため、今やむなく仕事を続けているという人もいます。だからもうお客様に貢献しようとか、社員のためになろうとかそういうマインドではない。とりあえず生きながらえるために、今日生きられればいい、一年生きられればいいという人が相当数います。さらにこのコロナ禍で経営者マインドは相当落ち込んでいます。

先ほど述べた五万件は、数字だけ聞くと多いような気がしますが、今の日本の中小企業は個人事業を含めておおよそ三六〇万社弱あります。このうちの五万社ですので、約一・四パーセント程度です。これくらいは世の中の自然淘汰だと思ったほうがいい。日本の人口が一億二五〇〇万人くらいですが、その中で毎年一〇〇万人以上が亡くなり、一〇〇万人弱の人が産まれてきています。産まれてきて亡くなっていく、これは自然の摂理です。倒産件数が五万件くらいあってもおかしくないですし、逆にそのような自然の摂理により淘汰されるべきところが淘汰されていかないと、社会はよくならないのではないかと思います。

二．老舗企業に学ぶ

我が国は創業百年を超える老舗企業が三万社以上ある長寿企業大国です。経営者や社員の方々が毎日真剣に取り組んでいる証です。日々の積み重ねが、この歴史を作っています。これらの老舗企業は、恐慌も戦争も体験し、震災も乗り越えて今があります。我々はそういうところに学ばなければならないと思います。

『ドラッカーに先駆けた 江戸商人の思想』（平田雅彦著）という書籍があります（→二二三ページ）。元禄時代は、今でいうバブルでした。その結果、多くの新興商人たちが店を始め、世の中は活気づきました。しかし、その後、享保の改革の時代に多くの店が潰れていきます。八代将軍徳川吉宗は江戸幕府を再興した名君といわれていますが、その政策である享保の改革は、経済的には失敗だと思います。大デフレ政策だったのです。この結果、商店の十軒のうち七―八軒が潰れたといいます。

新興商人たちはその時に、どうしたのか。もうお上頼みはやめよう。そして自己責任で決断し、己を律し行動し、財を蓄えよう。

利益を蓄積することは、何かがあった時のためなのです。

松下幸之助さんはこれを「ダム経営」と言っておりました。ダムのように水を貯め込んでおけば、日照りになった時にダムから水を出せるということです。私たちも同様に、人生においても企業経営においても、余裕を持っていかないといけないのです。

三．歴史に学ぶ

歴史は形を変えて繰り返しています。例えば、鎌倉時代の一二九三年に鎌倉に大地震が起こりました。一二九七年には中学・高校の歴史の教科書でもよく出てくる徳政令が出され、返済に苦しんでいた御家人の借金が帳消しになりました。そして、その三十六年後に、鎌倉幕府が滅亡していきます。

江戸時代末期は、一八五四—五五年に安政大地震が起き、二年にわたり、江戸や太平洋側の東海・南海を襲いました。そして一八五八年にはコレラが流行します。

一八六〇年には、為替のレート差が利用された結果、たくさんの金が流出してしまいました。海外から一ドルを持ってきて、金や銀に替え、海外で再度換金するだけで、三倍くらいになったそうです。すると、幕府も対抗するために、金の含有量の少ない小判を作ります。

そして何が起きたか。インフレです。物価が上がり、貨幣の価値が下落します。例えば、今まで金が一〇〇グラム入っていた小判に、十グラムしか入れないとなったら、どうなりますか？　この結果、経済動乱が起き、一八六八年に明治維新となりました。

大正・昭和はどうか？　一九一四―一九一八年に第一次世界大戦が起きます。この終戦はスペイン風邪の流行も一因だといわれています。

スペイン風邪の猛威は日本でも足かけ二年、第三波まであり、当時の国民の三人に一人がかかったといわれており、死者数が約四十万―五十万人にものぼったそうです。これは、今のコロナの比ではありません。不謹慎かもしれませんが、新型コロナウイルスは死亡率としてはそれほど高いようなものではないと思います。

特にアジア圏よりも、ヨーロッパのほうが高く日本はそうでもない。スペイン風邪が流行した時に日本ではどのような対策を実行したのか。「手を洗いましょう。うがいをしましょう。人との距離は広げましょう」。今とほとんど一緒です。確かに、公衆衛生などが今とは比べものにならないかもしれません。しかし、スペイン風邪の場合は三人に一人が感染する。

二〇二〇年十二月現在、東京で一日に六〇〇人を超える感染者が出ていると報道されていますが、東京の人口は一二〇〇万―一三〇〇万人です。その中での六〇〇人ならば、比較になりません。

一九二三年には関東大震災が起きました。そして一九二九―三〇年に世界大恐慌、昭和恐慌が発生します。今回のコロナ禍は経済的に、これに匹敵するといわれています。ちなみに世界大恐慌のあと、アメリカで経済がよくなってきたのは一九三七―三八年頃です。立て直すのに十年ぐらいかかっています。また一九四一―四五年に第二次世界大戦が起こり、日本の敗戦になるわけです。

では、今の状況はどうか。一九九五年に阪神・淡路大震災が起き、二〇一一年に東日本大震災が起きています。また、ここ数年では九州などで水害も多い。これは気象異常のためであり、昔から警告されてきたものです。そして今、新型コロナが流行しています。そして二〇二四年に、渋沢栄一さんの一万円札が出ます。これは当たらないことを祈りますが、デノ

歴史は繰り返す、しかも形を変えて

時代の大きな変わり目で、「自然災害」「疫病の流行」「経済動乱」がセットで起こってくる。

	年	出来事
鎌倉時代	1293	鎌倉大地震
	1297	徳政令
	1333	鎌倉幕府滅亡
江戸時代	1854-55	安政大地震
	1858	コレラ流行
	1860	金流出→万延小判の発行：インフレ
	1868	明治維新
大正〜昭和	1914-18	第一次世界大戦
	1918-21	スペイン風邪流行：日本でも3人に1人が罹患。死者約40万人。
	1923	関東大震災
	1929-30	世界大恐慌
	1941-45	第二次世界大戦→終戦
平成〜令和	1995	阪神・淡路大震災
	2011	東日本大震災
	2020	新型コロナウイルス流行
	2024	新札発行

ミ（デノミネーション）と合わせてやるのではないかと思います。そうなると、この頃までには、経済動乱が起きるのではないかと見ております。

現に多くの人が、日本の景気はオリンピックまで持つだろうと言っていました。でも、私は「そうは思わない。おそらく二〇一九年ぐらいで崩れるだろう」と言ってきましたが、やはりその通りになりました。

私は歴史が好きですが、歴史を見ていると、やはり時代の法則があることがよくわかります。一定の時間の変わりめの中で、自然災害と疫病の流行と経済動乱がセットで起きているのです。

今まで鎌倉や江戸、大正・昭和を確認しましたが、だいたい三十―四十年ぐらいの流れで見ると、今、ちょうど同じようなことが起きています。そして、同時に、今まで正しいと思われていたことが全否定され、新しい価値観に大転換していくのです。戦後、「天皇陛下万歳」というような思想や、それまでの教育が、全否定されたことがありました。教科書に黒塗りをさせられることもあったと聞いています。おそらく多くの人が、それをあと四、五年ほどで見ることになると思います。

四. 人口動態をみる

歴史は繰り返すということに加えて、もうひとつ。人口動態は見ておくべきです。未来を予測していくためには重要です。

特に働き手である生産年齢人口、十五―六十四歳のボリュームが多ければ多いほど、経済は成長しやすいといわれています。ちょうど日本の高度経済成長時代といわれた一九六〇年代です。今から五十年ほど前ですが、この頃は人手が足りず、中学を卒業して地方から都市部に来る人を金の卵と呼んでいました。その結果、働き手が増え、しかも、その働き手はさまざまな需要を生み出しました。3C（カラーテレビ、クーラー、車《カー》）とよばれた耐久消費財の普及は働き手の所得拡大の裏付けのもと、豊かな中間層の拡大に伴って経済もうなぎのぼりに成長していきました。ところが、一九九五年に七七二八万人だった生産年齢人口がいまや六〇〇〇万人を切っています。単純計算すると、このままだと日本経済が二十五パーセントほど落ち込んでしまうということです。

しかし、生産年齢人口減に早々と気づき、対処した会社がいくつかあります。ひとつは高齢者を活用した会社です。静岡にあるコーケン工業株式会社では、定年退職者を募集したところ、多くの応募があり、彼らは穏やかで、後輩たちの面倒見も大変よいということです。

もうひとつは女性活用や障がい者雇用です。障がい者雇用は日本理化学工業株式会社など積極的です。では外国人労働者はどうなのか。個人的には、賛成しかねます。日本の歴史をひもとくとその理由がよくわかります。

縄文時代の遺跡を発掘すると、骨に刀傷がついていないが、弥生時代になると、刀傷がついている骨が結構出てくるそうです。弥生時代は、まさに渡来人の世界です。文化の軋轢が生まれ、戦いが起こります。現代でも、文化の違いを短期間で受け入れることは非常に難しいのではないか。

今、国はダイバーシティ（多様性）社会を目指していますが、それは言うほどたやすいこととは思えません。人がどんどん減っていくわけですが、問題は減少していく人の中で生産性を高めるにはどうすればいいのかということです。簡単にいうと、一人当たりの付加価値を高めればいいのです。人手不足を解決するために、国も試行錯誤しています。実際、人手不足を人で補うことはできるのか、疑問に思います。となるとＩＴやＩｏＴ（Internet of Things）などをうまく活用しないと、これからはやっていけないのではないでしょうか。

五．社会が真に求めるものは何か？

一九九五年は、生産年齢人口の減少開始と、もうひとつ重要なトピックがありました。それが、持ち家数が世帯数を上回ったことです。つまり、この年には住宅はすでに供給過多になってしまったのです。それは、量ではなく質で勝負する時代に突入したことを意味します。昔は人口も増えたため、黙っていても売上が上がっていきました。ところが今では、何十年も持たない粗悪な住宅を提供している会社は生き残っていけません。

今、一人ひとりが望むところが違ってきています。それを一度素直に受け止め、その中からさまざまな提案をすることができるような会社しか残らないのではないかと思います。これは我々、会計事務所も同じです。数年前から、当事務所の経営方針発表会でも必ず同じことを言っています。対話力を高めて、本当にお客様が望んでいることは何なのかを考えることが大切だと。もし、それを担当者ができなかったとしても、別の人間が解決できるのではないかというところにも目を向けています。誰かができなかった場合は、できる人間のほうにパスをする。そうやって支えあうために会社があるのだと思うのです。ひとりではできないけれど、何人かの知恵やノウハウなどを有効に活用することにより、ひとつのものができ上がる。

そもそも「会社とは、何か」ということをいま一度根本から考え直し、組み立てていくことが大事だと思います。どのような組織でも、社会に対する「お役立ち（貢献）」が一番の目的になっています。お客様の期待に応え続けることが重要です。そして、会社が成長するためには、会社に属する一人ひとりが成長するという視点が不可欠なのです。

ある会社の社長さんが、若い人にはどんどん頑張って資格を取ってほしいとおっしゃっていましたが、切実な願いだと思います。当事務所でもそうです。税理士法人というのは、税理士が二人以上いないと設立できないのです。いくら何十年の経験があり、資格を取ったばかりの税理士より知識が上だったとしても、資格がないと社員（会社でいう取締役）にはなれません。そのため、資格を持っているのは最低条件です。もちろん、資格を持っていたとしても、人間性が低いようでは駄目です。

百年も二百年も続くような会社を作り上げる場合、誰が主役なのか。実は会社で働く皆さん一人ひとりなのです。自らを成長させていくことによって、会社や社会に貢献できるようになるのです。人間は、人を励ましたり癒したりする、大いなる力を持っています。お子さんがいらっしゃる方はわかると思います。子どもが泣いたり笑ったりする行為に癒され、励まされるのです。人間というものは、生まれながらにしてそのようなものすごい力を持っています。ところが、残念なことに教育や環境などに毒され、本当の自分を見失ってしまっているのです。

例えば、「人と比較して劣っている」と考えていると、自分をどんどん小さいカプセルの中に閉じ込めようとしてしまいます。そうすると、だんだん斜に構えてしまうわけです。「どうせ自分は何をやっても駄目だろう。どうせ自分はちっぽけな人間だろう」となってしまうのです。

今、大事なことは、どんな人にも、人を癒し励ます力があることを実感することなのです。目に見えないカプセルを取り除き、解き放つべきなのです。これが成長のキーワードです。勉強をして資格を取ることも必要ですが、それだけが成長ではないのです。もっと根本的には、自らには素晴らしい力があるということを、一人ひとりが実感していくことが本当の成長につながります。

自らの可能性を実感すると、もっと目の前のお客様のお役に立とうと考えるようになります。そして、目の前のお客様の役に立とうと行動し続けると、お客様の認識は、「〇〇社の誰々さん」ではなくなるわけです。「熱心で親切で対応も素晴らしい誰々さんがいる、〇〇社さん」となるわけです。

六．利益とは？

さて、利益と給与の関係にも言及しておきましょう。各企業が独自に生み出す付加価値があり、そこから給与などが出ます。給与には、社員の提案力への報酬も含まれています。利益率が高ければ高いほど、その分だけ提案力を磨く余力も出てくるということです。適正な利益をお預かりするのは、当たり前のことです。「儲けると申し訳ない」などと思っている方がいたとしたら、それはやめたほうがよろしい。利益は得るものではなく、預かるもの、「お役立ち」のご褒美なのです。「これから五年、十年、百年とずっと続いて、もっと『お役立ち』ができるように預けておく」というものなのです。

だから、預かったものを無駄にするのではなく、自分たちの提案力の向上などにつなげていけば、スパイラルアップできます。そうすれば、一人ひとりが成長し、本当の意味で社会に貢献できる会社になっていきます。これは、大きくなるということではありません。大きい会社が潰れないかといえば、そういうわけではありません。でも、よい会社は潰れないものです。

七．人生と経営の目的

日本にはおかげさまの文化というものがあります。「皆様のおかげ」ということを常々考えながら行動していると、もし何かがあったとしても誰かが助けてくれます。逆に自分が中心、自分がやってあげているというような考えの人や会社は、誰も助けてくれません。

この考えは、日本以外でも活用されるようになりました。例えば、"Harvard Business Review" です。これは、ハーバード・ビジネス・スクールから出ており、経営関係の学術と実務をつなぐ雑誌として世界最高峰です。二〇一九年三月号の特集は "PURPOSE" で、「会社は何のために存在するのか。あなたはなぜそこで働くのか」というのがテーマでした。

その後、同年十二月号では「信頼される経営」が特集されました。同誌からはＥＩ（エモーショナル・インテリジェンス）シリーズも発刊され、その中では、幸福学や共感力、マインドフルネスをテーマにした書籍が刊行されています。マインドフルネスとは仏教でいう瞑想のことです。Google などがこのマインドフルネスを活用して、業績をよくしています。

これ以外にも、二〇一八年には『ティール組織』（フレデリック・ラルー著）という書籍が流行りました。これは、経営関係の書籍では異例のベストセラーとなりました。この元になったのが『インテグラル理論』（ケン・ウィルバー著）です。同書では、「組織には段階がある」と述べています。組織には一―八までの段階があり、一―六は第一層、七―八は第二層に分類され、色でも表現されています。そして現在、世界は六―七の段階に移行してきています。この六段階めのグリーンは「人間らしい絆」、七段階めのイエロー（ティール）は「しなやかな流れ」をあらわしています。

『インテグラル理論』は二〇一九年に翻訳されたものの、原著刊行は二〇〇〇年であり、少し情報が古いですが、その当時でも七の段階に該当する人口が一パーセント、社会的勢力としては五パーセント。六の段階では人口は十パーセント、社会的勢力は十五パーセントあるといわれています。合わせて、二十パーセントほどの人がこの段階まで来ています。

これが急速に強まり始めているのが現状なのです。時代が変わる時に、昔ながらの考え方でやっているとついていけなくなります。時代に適応しながら、人も企業も変わっていくことが大事だと思います。

次に紹介するのは『ダイアローグ』（デヴィット・ボーム著）という書籍で、これには、「なぜ人は対立するのか」が書かれています。対立する理由は、人は皆、自分を正しいと思っているからです。例えば、会社をA社、お客様をBさんとします。A社の提案に対してお客様であるBさんが文句を言ってきたとすると、Bさんは物わかりが悪いな、と思ってしまいがちです。しかし、実はA社とBさん、両方とも真実ではないのです。

真実とは、A社とBさんの対話の中で生まれた「合意形成」のことをいいます。ダイアローグは「対話」という意味ですが、その考察の元になっているのは「社会構成主義」という考え方です。日本はもともと対話の国なのです。日本神話の国譲りという物語の中でも、話し合いの中で決めていました。

日本と違い、外国では、言うことをきかないものに対しては征服をする。それも自然環境まで征服をしていった結果、人間の住むところがなくなり、国も滅んでいく。そういうことを有史以来、繰り返してきました。ところが日本の場合、共生が昔から進んでいます。台湾でも同じようにやっています。日本ほど対話が根づく国はないと思います。ただし戦後、民主主義という名前のもとに、多数決が全てであるかのような間違った価値観を学校教育で植え付けられました。この植え付けられたものを、いま一度どうしていくか考えないといけません。

余談ですが、今から三十年近く前に、地元の青年会議所の理事長就任時の所信のキーワードは「協調・対話・共生」でした。これは現在でも応用できると思います。

八．進化の時代の経営のあり方

松下政経塾の連続講義を元に、二〇一九年に出版した、『後継者の仕事――進化の時代に必要な「経営のあり方と戦略」』（共著・PHP研究所）で、「今後の五年の変化は過去五十年の変化に匹敵する」と記しました。

このような大変化の時代に、ネックになるのは幹部です。彼らは二十―三十年、会社に一生懸命従い、貢献してきたため、部長や課長のような地位が与えられたわけです。この部長や課長の考え方や行動によって、会社がこれから先の未来に適応していけるかが決まってきます。

世の中の変化は、直線で進まず、急上昇します。その時に「昔はこうだった」と言い続けていたら、ついていけなくなってしまうのです。人口動態がどうなっていくのか。そのためには商品構成をどうしていくのか。外部環境要因として環境問題や経済・社会変化なども見越したうえで考えていかなければなりません。

現在では、「今後の五年間の変化」は、「今後一年間の変化」と置き換えるべきだと思います。もともと経済動乱は来るだろうと予想していましたが、新型コロナウイルスが流行することはさすがに見抜けませんでした。そのため、五年間といっていたのですが、今や一年間だけでも大きな変化が起こると思います。まさに今、生活様式も変わってきています。デジタル化の発展も急激な変化の要因のひとつです。やはりデジタル化を味方につけることや、その先の社会を読むこと、方向性を示すことがこれから一番大事になってくると思います。

ＨＩＬＬＴＯＰ株式会社の代表取締役副社長である山本昌作さんは、とても穏やかで、立派な人格者でもあり、「お考えの元になったものは何ですか?」とうかがったところ、仏教哲学者である中村元先生のお話が出ました。やはり考え方が正しいと、やっていることも正しくなるのだと、改めて実感しました。

同社はもともと、鉄工所でしたが、四階には一〇〇人以上入れる食堂があります。しかも、これを社員数が三十人ほどしかいない時に作ったそうです。そして何が起きたか。京都の大学などの優秀な学生たちが、食堂を見て「入りたい」となったのです。現在は社員数が一七〇人に達しています。

また業務も、鉄工所なのに機械の操作はほとんど行わず、日中はパソコンでプログラミングし、完成したプログラムを機械に流す。すると、夜に機械が全自動で加工を行うため、朝にはでき上がっている。大変効率のよい、素晴らしい仕組みです。大量生産はしない。そのため、試作品等の単品を扱う場合がほとんどです。その結果、ディズニーやＮＡＳＡから発注が来るようになりました。

同社では人材教育を怠る人を良く評価していません。教育指導はもちろん、人によって向き不向きというものがあり、自分で大量の仕事を抱え込んでしまう人もいます。それを改善するために、自分で覚えたことを標準化・情報化し、他の人に伝えることなのだと言います。
マニュアル化し、他の人に仕事を割り振ることにより、十やっていた仕事のうち二が手渡せるとします。その分空いた二のところで、さらに新しいスキルを取り込むのです。そのため、同社の「人財」の成長の速度が、他社に比べると五―十倍速いのだと。思わず感心しました。

コロナ禍も含めた今後の社会情勢に対応していくためには、やはり会社の存在意義や存在価値、いわば経営理念やビジョン。これらをいま一度一人ひとりが深く噛みしめておく必要があります。

時代が変化・進化するときに、自社を変えようとせず、昔と同じことをやっていると、社会の要求に追い付かず、貢献力が下がり、赤字に陥ります。赤字になるとはつまり、社員の給料すらも払えなくなるということです。今、赤字の会社が日本の国内で七十パーセント近くあります。「一人当たりの給料」が国税統計で出ていますが、ここ二十年間、ほとんど上がっていません。むしろ若干下がっています。これが現実なのです。

そのような時に、今までのお客様や今までの商品にしがみついているだけでよいのでしょうか。若い方が求めるような商品は昔とは違ってきているのです。

これからの時代、「進化」がキーワードになってきます。進化のためには、深掘りが大切です。深掘り、深化するところにしか進化は生まれないと思います。

自社の商品の本質は何か。自社の存在意義は何か。これらを徹底的に深掘りし、経営理念や社長方針などさまざまなところに落とし込むと同時に、社員の皆さんはこれらを深く味わい、自分はどう考え、行動するか、すり合わせをするとよいと思います。そうすることで、仕事の本質が見えてきます。これができないと、本当の進化はできない。今回のコロナ禍をきっかけに、自社の目的や強みを再確認するとともに、自らの商品やサービスを一度深掘りして、時代に合ったものに作り変えていくことが大切です。

そして、これは会社だけではありません。個人もコロナ禍をきっかけに、自分は何のために生まれてきたのか、自分が世の中に「お役立ち」できるために、自分にしか作れない価値は何なのか、ということを考えながらやっていくことが大切です。

これから百年二百年続けるためには何が必要か。まさに社員の方々一人ひとりが、物語の担い手、物語の作り手になり、物語の語り部となっていくことが大事だと思います。このような人たちが多く増えることが、地域をより光り輝くものに導いていくのです。

※本章は某社の経営計画発表会での記念講演をもとにしています。

■著者プロフィール

赤岩　茂（あかいわ・しげる）

昭和33年　茨城県生まれ

法政大学経営学部卒業後、監査法人等勤務を経て、平成元年２月に独立。平成14年９月に税理士法人報徳事務所を設立、代表社員・理事長に就任。

公認会計士・税理士・情報処理システム監査技術者

千葉商科大学大学院商学研究科　特命教授

人を大切にする経営学会　副会長

日本でいちばん大切にしたい会社大賞　審査委員

古河市代表監査委員

結城信用金庫　員外監事　等を務める。

『後継者の仕事――進化の時代に必要な「経営のあり方と戦略」』（共編著・PHP研究所）、『財務経営力の強化書』（共著・あさ出版）等、著書多数。

進化の時代を乗り切るための
人生と経営の道標

二〇二一年三月五日　第一刷発行

著　者　赤岩　茂

発行者　川畑善博

発行所　株式会社　ラグーナ出版

〒八九二―〇八四七

鹿児島市西千石町三―二六―三F

電話　〇九九―二一九―九七五〇

URL https://lagunapublishing.co.jp/

e-mail info@lagunapublishing.co.jp

装丁　福田智洋

印刷・製本　シナノ書籍印刷株式会社

定価はカバーに表示しています

乱丁・落丁はお取り替えします

ISBN978-4-910372-03-7　C0234

活字で利用できない方のための
テキストデータ請求券
『人生と経営の道標』
ラグーナ出版